中華古籍保護計劃

ZHONG HUA GU JI BAO HU JI HUA CHENG GUO

·成果·

宋本揚子法言

（漢）揚雄　撰
（晉）李軌等　注

國家圖書館出版社

圖書在版編目（CIP）數據

宋本揚子法言：典藏版 /（漢）揚雄撰；（晉）李軌等注．
--北京：國家圖書館出版社，2019.3
（國學基本典籍叢刊）
ISBN 978-7-5013-6468-8

I. ①宋… Ⅱ. ①揚… ②李… Ⅲ. ①古典哲學－中國－西漢時代 Ⅳ. ①B234.99

中國版本圖書館 CIP 數據核字（2018）第 153952 號

國家圖書館出版社
官方微信

書　　名　宋本揚子法言（典藏版）
著　　者　（漢）揚雄　撰　（晉）李軌等　注
責任編輯　張慧霞　南江濤
封面設計　休休堂
出　　版　國家圖書館出版社（100034 北京市西城區文津街7號）
（原書目文獻出版社　北京圖書館出版社）
發　　行　(010)66114536　66175620　66126153
66121706（傳真）　66126156（門市部）
E-mail　nlcpress@nlc.cn（郵購）
Website　www.nlcpress.com →投稿中心
經　　銷　新華書店
印　　裝　北京金康利印刷有限公司
開　　本　十六開
印　　張　二五・二五
版　　次　二〇一九年三月第一版　二〇一九年三月第一次印刷
書　　號　ISBN 978-7-5013-6468-8
定　　價　一五〇圓

序

揚雄（公元前五三—公元一八），字子雲，蜀郡成都人。西漢思想家、文學家、語言學家。家境清寒，少時好學，博覽群書，精通章句訓詁。好辭賦，有漢賦『四大家』之譽，得漢成帝賞識，曾任黄門侍郎。王莽稱帝後，又任大夫，專以校書治學。一生清静無爲，淡泊於功名富貴。著述甚豐，但多散佚。晉常璩在其《華陽國志》中概云：『以經莫大於《易》，故則而作《太玄》；傳莫大於《論語》，故作《法言》；史莫善於《蒼頡》，故作《訓纂》；賦莫弘於《離騷》，故反屈原而廣之；典莫正於《爾雅》，故作《方言》。』

《揚子法言》爲揚雄晚年之作，成書於王莽稱帝前夕。漢哀帝時，外戚、宦官用事，趨附者皆得高官厚禄，而揚雄則草創《太玄》以自守。又見諸子之説、太史公之記，或譭謗聖人，或乖謬於經，人多問惑於揚雄，於是以法應對，號曰《法言》，共分十三卷，各卷名以學行、吾子、修身、問道、問神、問明、寡見、五百、先知、重黎、淵騫、君子、孝至。《法言》是一部效仿《論語》的語録體著作，多爲簡短的答問、解説或反駁，是揚雄從事教學活動的實録，亦有設問自答的内容。各卷都相對集中地圍繞一個主題展開，并於各卷首設小序，明其大旨。與《論語》相較，在議題設計及編排上愈加完善。

《法言》内容廣泛，涉及政治、經濟、文學、軍事、科學等多個方面。因仿《論語》而作，以孔子爲『神明』，充分反映了揚雄尊崇儒家的思想，并將其作爲立身、行世、治國的依據和標準。其在《法言·問道》中説：『道、德、仁、義、禮，譬諸身乎？夫道以導之，德以得之，仁以人之，義以宜之，禮以體之，天也。合則渾，離則散，一人而兼統四體者，其身全乎？』揚雄認爲此五者是天性必須具備的，是一不可分割的整體。《法言》進一步鞏固了兩漢時期儒家獨尊的地位，對構建儒家思想體系發揮了重要作用。揚雄對老、莊、墨、申、韓等先秦諸子以至《淮南子》《史記》的學術思想均有批評，但又并非完全否定，如認爲老子講道德、莊子講少欲、鄒衍講自恃，都是可取的。同時，《法言》還提出了一些觀點及實踐之法，如性善惡混論，因此要『學者，所以修性也』。揚雄認爲應重視『發策決科』的内容，『大人之學也爲道，小人之學也爲利。子爲道乎？爲利乎？』祇有如聖人那樣『重其道而輕其禄』，纔能真正提高個人修養。而這個『道』就在五經之中。如何纔能識『道』行『道』，就要由『博』返『約』『多聞則守之以約，多見則守之以卓』。與此同時，還要『强學而力行』，非下大功夫學習、修身不可。揚雄高度推崇教師的作用，這與漢代重視師法的思想一致，强調師在學術傳承中的主導作用。

《漢書·揚雄傳》道：『《法言》大行，而《玄》終不顯。』《法言》中的思想和觀點，對後世影響很大。故後世爲其作注者頗多，《漢書·揚雄傳》説『鉅鹿侯芭常從雄居，受其《太玄》《法言》焉』，侯芭所注，至梁代以前尚在流傳，《隋書·經籍志》著録『梁有《揚子法言》，侯苞注，亡』，『苞』當即『芭』字之誤。今見《太平御覽》中僅有一條注文。至東漢時，南陽宋衷亦曾注之。宋注在兩《唐志》著録爲十卷本，可見至隋唐仍在流傳。李善注《文選》引録過一些注文。至今保存最爲完整的是東晉李軌的注釋，《隋書·經籍志》有載，至兩宋時，成爲流行最廣的注本。《直齋書録解題》云：『此本歷景祐、嘉祐、治平三降詔，更監學、館閣兩制校定，然後頒行，與建寧四注本不同。錢佃得舊監本刻之，與《孟》《荀》《文中子》爲四書。』李注於北宋治平間由國子監精校刊出，并附以音義。後來司馬光進行集注時，即以此爲底本。南宋時，錢佃曾重刻治平本，與《孟子》《荀子》《文中子》并爲四書。清嘉慶二十三年（一八一八），江都秦恩復購得錢刻宋槧，稍加修版，刊印出版，其後《四部叢刊》《諸子集成》收入。今存李軌單注本宋槧一部，清顧廣圻跋、傅增湘跋，經清秦恩復、汪士鐘、汪喜孫、楊以增、邢贊亭、陳清華遞藏，現藏於中國國家圖書館，因有北宋校勘銜名等，多誤作北宋監本，實爲南宋國子監翻刻北監本。隋唐至兩宋時期，爲其作注者，隋代有辛德源，但未流傳下來。唐代柳宗元曾爲之作注，《新唐書·藝文志》《崇文總目》有載，《宋史·藝文志》亦載，但此目沿襲舊目而來，并非現存書目，故柳注北宋時或已亡佚，今見司馬光集注本中僅保留下來五條而已。唐五代尚有《音義》一卷，未知撰者，今附於李注本之末。纂圖本則散於句末。由於李注本屬摘句注本，并非全文移録，衹有注句始録原句，故於閱讀頗爲不便，流傳不廣。

至北宋時，爲其作注者漸多，先後有宋咸、吴秘、司馬光等。至元豐四年（一〇八一），司馬光將李軌、柳宗元、宋咸、吴秘四家注文集中在一起，同時添加己注，輯成《五臣注揚子法言》十三卷。司馬光《司馬温公注揚子序》中交代了這一原委。校勘發現，司馬光是以五家爲主，但還使用了《音義》和《漢書》及天復本，共校正异文九十多條。至此，五臣注本已基本定型，成爲後世傳本的祖本，而李軌單注本遂不顯於世。

五臣注本傳至南宋，刊印者頗夥。其中最著者，爲今存南宋淳熙八年（一一八一）唐仲友台州刻本《揚子法言》十三卷，附音義一卷（以下簡稱唐本），藏於遼寧省圖書館。唐本卷首有景祐四年（一〇三七）十月十六日給事郎守秘書著作佐郎宋咸『進重廣注揚子法言表』，次有『大宋淳熙八年歲在辛丑十有一月甲申朝請郎權發譴台州軍州事唐仲友後序』，序未及刻書事宜，文字多有缺損，次有景祐三年二月日著作佐郎知允溪縣事宋咸『重廣注揚子法言後序』，次爲十三篇篇目，次爲元豐四年十一月己丑涑水『司馬温公注揚子序』。卷末附『揚子音義』。首卷首行頂格題『揚子法言卷第一』，次行小字單行題『李軌柳宗元注宋咸吴秘司馬光重添注』，正文頂格。正文首爲揚雄序，次爲首篇『學行篇』，頂格先題本篇小序，後爲正文頂格。其後每卷皆首冠小序。版框高二十三點五厘米，寬十八點六厘米，八行十六字，小字雙行二十四字，左右雙邊，白口，單魚尾。魚尾下題『揚子第幾卷』，下題葉次及刻工姓名。刻工有吴亮、蔣輝、王定、徐通、宋琳、李忠、林檜、周言、陳僖、陳岳、王震、張定、林檜、周言等人，其中蔣輝刻葉最多，首卷則幾乎全爲蔣輝所刊，而張定僅刊一葉。印工：陳先。裱褙匠：余綬。宋諱謹嚴，缺筆至『慎』字，『惇』『廓』字不避，『太玄』避作『太元』。鈐印『事親之暇』『詩禮傳家』『天禄琳琅』『天禄繼鑑』『五福五代堂古稀天子寶』『八徵耄念之寶』『太上皇帝之寶』等，清内府、長春僞宫舊藏。據[光緒]《桐鄉縣志》卷十五《文苑》記載，乾隆帝（乾隆四十五年，一七八〇）第五次南巡時，桐鄉金德輿（一七五〇—一八〇〇，字鶴年）曾向高宗進獻《太平歡樂圖》畫册與宋版《禮記》等書，蒙恩賞給緞疋。涵芬樓所藏世德堂本《揚子法言》上載嘉慶四年顧廣圻跋，稱『賈人錢景開言，桐鄉金德輿曾以宋槧大字本《揚子》進呈』。抑或此時唐本進入了清内府，直至清末溥儀携出。《溥儀賞溥傑宫中古籍及書畫目録》著録，『宣統十四年（一九二二）八月初七日賞溥傑』，其後流出，入藏遼圖。除首册前五葉間有缺損外，其他完好無損。桑皮紙印造，字大如錢，行格疏朗，墨色瑩潔，并無斷版及筆畫脱落出現，初刻精印，具有明顯的浙刻本特點。

司馬光集注本，在北宋是否刊印，司馬光序僅言編輯而未言刊梓之事。但從北宋治平二年（一〇六五）即有國子監刻李軌單注本來看，至元豐四年，已歷十六年，當更有條件刊梓。司馬光搜集諸本、整理集注并添加己注後刊印傳世，是合情合理的。尤袤《遂初堂書目·儒家類》雖已著録，因僅著録書名，不著注者，故未知是單注本或集注本，但至少在南宋初亦有刊本則是肯定的。唐仲友序中未言據何本刊印，但從唐本載司馬光序及五家注來看，其出自司馬光集注本是毫無疑問的，至於是據刊本或寫本，則未知也。自唐本保留司馬光注及李軌注的完整性可知，當是非常完善的集注本，這樣的本子一般而言，刊本的可能性更大。從北宋元豐四年至南宋淳熙八年，歷經百年，自開封至杭州再至台州，遭南渡之遇，定當周折不斷。以當時的條件，完整保留鈔本的可能性極小，而刊本則要方便的多。故而唐本所用底本當即司馬光集注刊本。

《法言》刊印者爲唐仲友（一一三六—一一八八），字與政，浙江金華人。宋高宗紹興二十四年（一一五四）進士，調衢州西安簿。紹興三十年復中弘詞科，纍官通判建康府。書論時政，上納其言。乾道間，歷秘書省正字兼實録院檢討官，召除秘書省著作郎，出知信州。淳熙七年（一一八〇）移知台州，八年擢江西提刑，被劾奉祠。《宋元學案》卷六十、《宋史翼》卷十三、［康熙］《金華府志》卷十六有傳。其父唐堯封，歷官侍御史、吏部侍郎、國子祭酒、直龍圖閣朝散大夫。

仲友兄唐仲温、仲義，皆爲進士，爲官一方。唐仲友的刻書活動主要是南宋淳熙間（一一七四—一一八九），所用刻工幾乎爲同一批刻工，字體風格、避諱等亦同。刊印較早的當是南宋初婺州市門巷唐奉議宅刻本《周禮》，其卷三末有書牌『婺州市門巷唐宅刊』，卷四、卷十二末有書牌『婺州唐奉議宅』。《欽定歷代職官表·宋代》卷六十八曰『太常、秘書、殿中丞爲奉議郎』，而仲友於孝宗時除秘書省著作郎，如是則《周禮》刻於孝宗時正與書牌所記職官相符，且諱字亦『慎』字，或稍早於《荀子》《法言》，當在乾道年間任館職之時。

南宋孝宗淳熙八年（一一八一），唐仲友知台州時，以公使庫公帑刊印《荀子》《揚子》《文中子》及《後典麗賦》《昌黎先生集》五書，頗有故事，涉及一段公案。這在《晦庵先生朱文公文集》卷十八至十九朱熹彈劾唐仲友的六道狀文中有詳細記載。其時，唐氏召集刻工十八人，以蔣輝爲首，用公帑刊印五書，并將刻成之書發回老家私售，牟取暴利；同時借刻書之機，命金婆婆誘使、要脅匠人蔣輝僞造宋代紙錢會子的鈔版，私印會子二十次，共印兩千六百餘道；又加其他諸案，因此被朱熹多次彈劾而罷官。其第四狀稱：『仲友所印《四子》曾送一本與臣，臣不合收受，已行估計價值，還納本州軍資庫訖。但其所印幾是一千來本，不知將作何用。』『據葉志等供，草簿內仲友以官錢開《荀》《揚》《文中子》《韓文》四書，即不見得盡饋送是何官員。』第六狀稱：『唐仲友開雕《荀》《揚》《韓》《王》四子印板，共印見成裝了六百六部，節次徑納書院，每部一十五册。除數內二百五部，自今年二月以後節次送與見任寄居官員，及七部見在書院，三部安頓書表司房，并一十三部係本州史教授、范知録、石司户、朱司法經州納紙，兑換去外，其餘三百七十五部，內三十部係表印，及三百四十五部係黄壇紙印到。唐仲友遂旋盡行發歸婺州住宅。內一百部，於二月十三日令學院子董顯等，與印匠陳先等，打角用箬籠作七擔盛貯，差軍員任俊等管押歸宅。及於六月初九日，令裱褙匠余綬打角一百部，亦作七擔，用箬籠盛貯，差承局阮崇押歸本宅。及一百七十五部，於七月十四日又令印匠陳先等打角，同別項書籍亦用箬籠盛貯，共作二十擔，擔夯係差兵級余彦等管押歸宅分明。』『據蔣輝供，元是明州百姓。淳熙四年六月內，因同已斷配人方百二等僞造官會事發，蒙臨安府府院蔣輝斷配台州牢城，差在都酒務著役，月糧雇本州住人周立代役，每日開書籍供養。去年三月內，唐仲友叫上輝，就公使庫開雕《揚子》《荀子》等印板。輝共王定等一十八人，在局雕開……又至兩日，見金婆婆同三六宣教入來，將梨木板一十片，雙面，并《後典麗賦》樣第一卷二十紙。其三六宣教稱「恐你閑了手，且雕《賦》板，俟造紙來」。其時三六宣教言説：「你若與仲友做造會子留心，仲友任滿帶你歸婺州，照顧你不難。」輝開《賦》板至一月，至十二月中旬……』

狀中提供了很多重要信息。如言刻工蔣輝、王定等十八人。唐氏所刊五書，今僅存《法言》。《荀子》今傳影鈔宋本已爲《古逸叢書初編》收入，所鎸刻工蔣輝、李忠、吴亮、宋琳、宋林、王定、葉祐、林俊、徐通、金華、陳岳、僖華、王震、林檜、周侁、周珣、周言、徐逵、陳顯、陳僖、周安凡二十一人，與狀中所言十八人稍有出入，但《荀子》有修版之葉，多出者或即刊换刻工。因《法言》字數較少，未用足十八名刻工，僅用十二人，其中張定未見載《荀子》刻工名，其他十一人蔣輝、李忠、吴亮、宋琳、王定、徐通、陳岳、王震、林檜、周言、陳僖等全與《荀子》刻工相同。這批浙籍刻工非常活躍，在南宋初中期刊印了多部古籍。狀中還有印工陳先、裱褙匠余綬、擔夯工余彦等，用紙爲黄壇紙，以及版片材質、印數、存放、唐仲友威脅蔣輝經過等。可見其從刊雕、刷印、裝裱到發售等各個環節交代得非常清楚。此本刻工蔣輝、王定等與狀中所載吻合，且避諱至『慎』字，證明爲唐仲友刊於淳熙間無疑，刊刻地點即在浙江台州。此書原爲清宮故物，《天禄琳琅書目後編》卷五著録一函六册即此，曰：『書中缺筆極謹密，至孝宗諱「慎」字止，是淳熙時鋟。唐仲友序前缺一葉，蓋刻書時序也。大字，麻沙最善本。』館臣所言避諱及刊刻時間極是，但并非麻沙所刻。

宋代刊印《法言》多種，皆與唐本無可比肩。宋槧李軌單注本屬摘句注本，并非全文移録原文，於全文閲讀遠不如唐本方便。再者僅有李軌單注，絶非五家注可比。唐本與建陽坊刻纂圖本相比，多有不同。其中劉通判宅仰高堂刻本《纂圖分門類題五臣注揚子法言》十卷（以下簡稱劉本）刊印較早，爲建刻纂圖諸本中佼佼者，并有《新增麗澤編次揚子事實品題》一卷，宋呂祖謙輯，《新刊揚子門類題目》一卷，宋陳傅良輯，清戴大章題款，王世貞、文徵明、王寵、季振宜、戴大章、潘祖蔭舊藏，藏於國圖（索書號4888）。今以校之，發現劉本最大的改變是將十三卷合併爲十卷、音義散入句中。劉本將唐本卷三《修身篇》併入卷二《吾子篇》後，卷七《寡見篇》併入卷六《問明篇》後，卷九《先知篇》併入卷八《五百篇》後，以合十卷整數之目。然揚雄於卷一首序明確指出『譔以爲十三卷』，每篇一卷，奈何坊間不循舊制，妄作主張？劉本確實方便了釋讀，適應了南宋初期將注疏音義逐句注釋、合纂的流行範式。但將司馬光添注置於最後，而音義前置，反而不如將添注置於音義之前，與其他四家集注纂於一起，則更方便釋讀。前爲諸家集注、末附音義之體例，當更合理，南宋注疏音義合刻本皆循此例。劉本卷首目録增加門類目録，題署『纂圖分門類題』云云，當可炫人耳目，此亦建陽坊本的特點。然纂例倒是其次，重要的是劉本脱訛頗甚，大大降低了文本質量，當然亦反證出唐本之價值。今以兩本卷一爲例明之：

唐本第一葉A面第五行李軌注『大歸皆非周孔之教』；劉本『非』後有『毀』字。

第一葉B面第三行篇題『學行篇』下李軌注『夫學者所以仁，其性命之本，本立而道生，是故冠乎衆篇之首也』；劉本全脱去。

第二葉A面第八行李軌注『不在，在也。言在仲尼也』；劉本『言在仲尼也』五字脱去。

第二葉B面首行李軌注『篤，傳也。茲，此也』；劉本『茲，此也』脱去。

第二葉B面第三行李軌注『金寶其口，木質其舌』；劉本第二個『其』作『而』，或誤。

第二葉B面第八行李軌注『礲、錯，治玉名』；劉本『治玉名』作『石名也』。

第三葉A面第三行宋咸注『咸曰：性雖否，學則得之，既得之，則誠性亦在其中矣。故曰：或生而知之，或學而知之，及其知之一也。此之謂矣』。劉本『故』作『光』，并以白文出字，顯然指司馬光，但此注末又有『光曰』，按劉本體例，司馬光添注皆置於最末，故指此『光』字，誤。

第三葉A面第四行吴秘注『學而臻道』；劉本『臻』誤作『至』。

第三葉A面第六行司馬光注引『《家語》子路曰：南山有竹，不輮自直』；劉本『輮』作『揉』。

第四葉B面第五行吴秘注『高而且大者，甚衆人所能踰也』；劉本無『甚』。

第四葉B面第五行司馬光注曰：『一本或作「衆人所能踰」，音義曰「俗本脱不字」，諸本皆有，今從之。』劉本『一本或作』作『吴、宋本作』。

第四葉B面第六行正文『或問世言鑄金，金可鑄與』；劉本『與』作『歟』。

第五葉A面首行司馬光注『借使顔淵不學，亦常人爾。遇孔子而教之，乃庶幾於聖人化它物爲黄金，何以异此』；劉本『使』誤作『問』，『它』誤作『佗』。

第五葉A面第三行李軌注『喜於問財，而得爲人，富莫大焉』。劉本『財』作『鑄金』，第二個『爲』作『鑄』。

第五葉A面第八行宋咸注『此曰桐子者，取是義也』；劉本『桐』誤作『侗』。

第五葉B面首行吴秘注『此章言學爲王者事』；劉本『事』前有『之』。

第六葉B面第六行吴秘注『子夏曰：堯學於君疇，舜學於務成昭，禹學於西王國』；劉本『子夏』作『荀子』，本句之後又衍「《新序》子夏對哀公曰「堯學於君疇，舜學於務成昭，禹學於西王國」」，本句注『文王學於時子思』；劉本『時』前衍『鉸』。

第七葉A面第五行吴秘注『鴻漸於陵，水流就下』；劉本『水流』作『流水』。

第七葉A面第八行李軌注『士之據道義爲根本』；劉本『之』作『人』。

第七葉B面第四、五行正文『衆人則异乎』後有李軌注『人由禮義，閑其邪情，故异於鳥獸也』；

劉本脱去。

第八葉A面第三行李軌注『知自别於禽獸』；劉本脱『獸』。

第八葉A面第五、六行李軌注『有其具，而猶或不能成其事；無其志，必不能立其業』；劉本『具』作『志』，『必不』作『安』。

第八葉B面第四行正文『公子奚斯常睎正考甫矣』後有李軌注『奚斯，魯僖公之臣，慕正考甫作魯頌』；劉本此注置於上句後，而上句并無『奚斯』，當屬誤置。

第八葉B面第六行正文『不欲睎則已矣』，李注『一本上有「如」字』；劉本有『如』字。

第九葉A面第六、七行正文『曰大人之學也爲道，小人之學也爲利』；劉本作『曰大人之學爲道也，小人之學爲利也』。

第九葉B面第二行正文『曰耕道而得道』後，至第十葉B面第七行『之至也』；劉本缺一葉正文及注文，約五百餘字。

第十一葉A面第三行吴祕注『承以奉順』；劉本作『奉以承順』。

第十一葉B面首行正文『紆朱懷金之樂也外』後有李軌注『至樂内足，不待於外』；劉本此句置於上句之下，誤。

第十一葉B面第七行正文『曰顔苦孔之卓之至也』，注曰『一本無「之至」二字』；劉本無『之至』二字，并注『光曰：李本作「顔苦孔之卓之至也」，今從宋、吴本。』

第十二葉A面第二行吴秘注『《雜記》曰：見似目瞿，聞名心瞿』；劉本第一個『瞿』誤作『懼』。

第十二葉A面第八行李軌注『孔子習周公，顔淵習孔子』；劉本『淵』作『回』。

從上校勘可知，兩本异文不少，除了不影響意義的异文（如俗字、簡字及虚詞等未出校記）外，劉本訛誤頗夥，唐本訛誤較少。劉本脱誤多，其中李軌注所脱最多。此外，劉本間有衍文。司馬光添注亦有异文。因此，整體上來看，唐本顯然要優於劉本。

劉本與唐本皆避諱至『慎』字，但劉本刊刻要早於唐本，如唐本卷一第八葉下半葉第六行『不欲晞則已矣』，下注『一本上有「如」字』，而劉本此句正文上有『如』字。唐本卷一第十一葉下半葉第七行『曰顔苦孔之卓之至也』，下注『一本無「之至」二字』，而劉本此句正文無此二字。類此例者尚有很多。這説明唐本在校刊時，一定參校了帶有『如』字、無『之至』二字的劉本，故可證其劉本刊梓必在唐本之前。因兩本皆避『慎』字，當皆刊於孝宗朝，相隔時間不會太長。當然據此亦可判斷兩本并非源於同本。

宋代建陽坊刻纂圖互注本今存尚多，除以上劉本外，尚有南宋崇川余氏刻本《新纂門目五臣注揚子法言》十卷，清内府、長春僞宮、北京故宮博物院舊藏，今藏國圖（索書號12361）。宋建刻元修本《纂圖互注揚子法言》十卷，清孫原湘、邵淵耀、陳鑾、王誦莪跋，清蔣因培、劉萬程、方若蘅、何佩芬、何佩玉題款，明晉府、文徵明、文嘉、祁承爜、朱彝尊、翁方綱、黄丕烈、張蓉鏡、蔣汝藻、涵芬樓舊藏，今藏國圖（索書號7486）。南宋末建陽坊刻本《纂圖互注揚子法言》十卷，清内府、長春僞宮、王體仁、王克敏、鄧拓舊藏，二〇一六年春季中貿聖佳國際拍賣會拍品，成交價二千三百萬圓。這些纂圖本，一是均爲十卷，其體例與劉本相同。二是對五臣注作了較大改動，北監本五臣集注的原貌已經不復存在。三是校勘粗率，訛誤頗多，與劉本大同小异，訛誤上有相同之處，亦有不同之處，魯魚豕亥處處皆有。整體來看，唐本是一個較爲完善、質量頗高的版本，不僅保留了李注原貌，且訛誤較少。同時，唐本尚可校補明清諸本之訛缺。因此，無論從保留五臣注的完整性上，抑或校勘精審上，唐本都是現存宋刻五臣注本中最佳的版本，而且刊印較早，世無二帙，彌足珍貴，其價值毋庸置疑。意者校注《法言》當以唐本爲底本，同時參校宋刻李軌單注本及其他宋元坊刻纂圖本。

一九八八年四川巴蜀書社曾影印出版唐本，其後《中華再造善本》亦收録，但量少價昂，難以普及。此次國家圖書館出版社將其收入《國學基本典籍叢刊》典藏版，彩色影印出版，流通更廣，普惠大衆，雅俗共賞，極便治學，功莫大焉。

曲阜師範大學文學院　丁延峰書於古源閣

二〇一八年五月

目録

據遼寧省圖書館藏宋淳熙八年（一一八一）
唐仲友台州公使庫刻本影印原書版框高
二十三點五厘米寬十八點六厘米

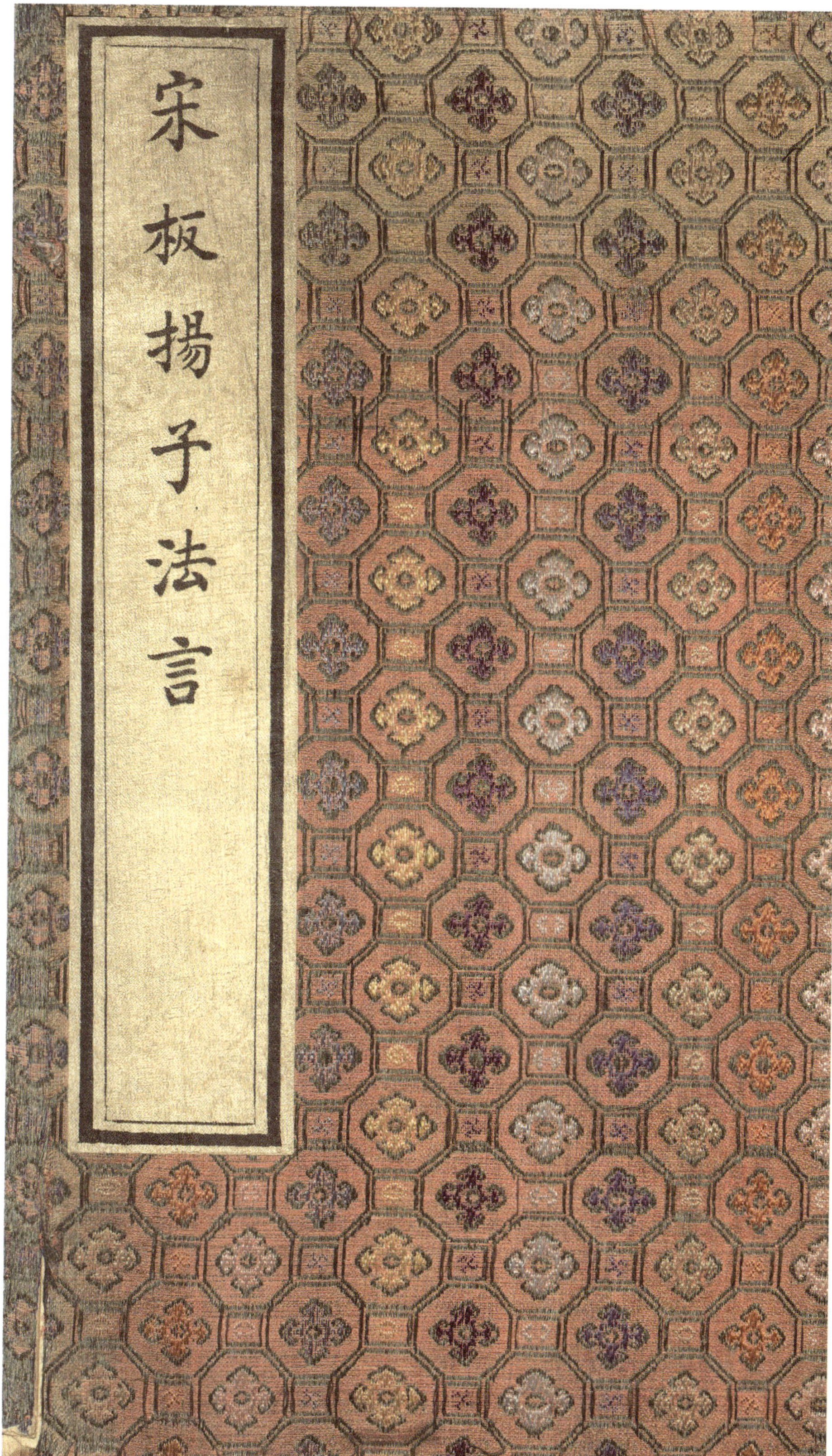
宋板揚子法言

宋板揚子法言

1424

進重廣註揚子法言表

臣咸言臣聞魯堂諸子皆宗聖以宣猷漢

室羣儒多注書而顯氏剟遺會昌之旦

忘釋詁之物須是典學之

闕臣誠惶誠

没微言即淪

皆處士之輩儒

孟軻蘭陵荀

著書更相樹

羣倫若趙岐之

大泱宦奧靡

文高而絕義祕而淵雖

柳宗元裁之於後然多踈略猶

坦然易別之條則五行俱下而詮釋洎卓

爾難明之意則一辭不措而闕亡遂使十三

篇之旨趣未融數百年之駕說猶昧唐陸

德明云注既釋經經由注顯若讀注不曉
則經義難明誠此之謂也臣爰自効官未
嘗廢學因念子雲之業蓋紹仲尼之綱比
緣從政之餘輒恣討論之究增加剖理庶
所詳明然聖人之門誠難言而是戒況愚
夫之慮或有得而可收恭惟
景祐體天法道欽文聰武聖神孝德
陛下道冠先天

業恢長世
若唐虞之稽古
監商周而右文雖祕藏之多畢加於采
在小說之異罔忽於棄遺臣是敢前冒
邦刑仰干
天聽終篇稱善儻垂
衡石之觀以文化成願廣鴻都之教臣所
重廣注揚子法言一十卷謹繕寫成三策

隨表昧死詣
東上閤門投進以
聞臣黷犯
宸嚴無任跼蹐屏營激切之至臣誠惶誠
恐頓首頓首謹言
景祐四年十月十六日給事郎守祕書著作佐郎宋咸表

雄書謂監於二子而折衷於聖人後之立
言者莫能加所潛最深恐文公所云未可
爲定論又謂孟子好詩書荀子好
好易孟文直而顯荀文富而麗
奧惟簡而奧故難知雖曰不敢
實與子雲多矣孟子亞聖荀揚
馬公皆鉅儒未容蠡測道大者文炳
思苦者言艱有中形外固自

第邪子雲悟道以悔自獨智入法言
辭壯夫不爲悔於文高餓顯下禄隱
尾之愧故曰楊雄覃思法言太元蓋知
矣憂患易之端憤悱道之機始以文似相
如喜終乃肩隨孟氏悔而思之力也孟荀
遭末世猶列國相持雖謂迂闊尚貌敬莽
朝道喪肥遯乃免閣神閣明先知之篇悔
之深矣大宋淳熙八年歲在辛丑十有一

月甲申朝請郎權發遣台州軍州事唐仲友

後序

重廣註揚子法言後序

太儀之體渾淪無窮者也非夫周服諸家之論則度舍之紀玆或罔焉欲明緯象不可得也羣經之文支離寡要者也非夫孔傳衆氏之解則章趣之會無乃隱焉欲辨綱常不可得也故先儒於聖人之書所以亹亹而爲己任者蓋此爾惟西京博士毛萇傳詩頗號太略鄭康成大懼夫泯之弗

行思覺於後故增之箋言而三百廓如也
自鳳德云衰諸子繼作亞聖之譔獨揚孟
而已七篇有趙臺卿爲之題頗詳眞經有
范叔明爲之解甚悉惟法言者蓋時有請
問子雲用聖人之法以應荅之也凡有十
三篇東晉李軌雖爲之注然愈略於毛公
之爲唐柳宗元刪定雖釋二三而不能盡
補其亡誤故中有義易决者反跡之如五聲十二律

面友戰悖之類甚顯而反釋之理尚祕者則虛焉如猗頓之孝書與經同雉噫秦繇狐蠙不腰朧褐博沒齒之類甚祕而反闕之闕文者弗能正如衆人所不能踰脫不字之類譌字者乃無辯如聖人不于作不手之類至於言不詁如殪傷剬之類而事不屬如遷善隔斷參辰之類議失旨如風不再實錄多愛周人行秦人病行有病曼之類而舉失類如擊匈北賊莽篡令擬秦之類巳什其半是使揚氏之意尚有所晦學子不能無冗豫也故康成之志咸敢竊而取焉凡裨其闕糾其失五百餘條且署咸曰以別舊貫觀夫詩書

之小序並冠諸篇之前蓋所以見作者之
意也法言每篇之序皆子雲親旨反列於
卷末甚非聖賢之法今升之於章首取合
經義第次之由隨篇具析其有難字音切
未理盡譜于後仍條其舊以爲十卷雖不
能廣翼賢業庶亢巾笥爲詒謀之具云景
祐三年二月日著作佐郎知尤溪縣事宋
咸序

篇目

司馬温公注揚子序

韓文公稱荀子以爲在軻雄之間又曰孟子醇乎醇者也荀與揚大醇而小疵三子皆大賢祖六藝而師孔子孟子好詩書荀子好禮揚子好易古今之人共所宗仰如光之愚固不敢議其等差然揚子之生最後監於二子而折衷於聖人潛心以求道之極致至于白首然後著書故其所得爲

多後之立言者莫能加也雖未能無小疵然其所潛最深矣恐文公所云亦未可以爲定論也孟子之文直而顯荀子之文富而麗揚子之文簡而奥唯其簡而奥也故難知學者多以爲諸子而忽之晉祠部郎中李軌始爲之注唐柳州刺史柳宗元頗補其闕景祐四年

詔國子監校揚子法言嘉祐二年七月始

校畢上之又
詔直祕閣呂夏卿校定治平元年上之又
詔内外制看詳二年上之然後命國子監
鏤版印行故著作佐郎宋咸司封員外郎
吴祕皆甞注法言光少好此書研精竭慮
歷年已多今老矣計智識所及無以復進
竊不自揆輙采諸家所長附以己意名曰
集注凡觀書者當先正其文辨其音然後

可以求其義故相宋公庠家有李祠部注
本及音義最爲精詳音義多引天復本未
知天復何謂也諸公校法言者皆據以爲
正宋著作吴司封亦據李本而其文多異
同音義皆非之以爲俗本今獨以國子監
所行者爲李本宋著作吴司封本各以其
姓別之或參以漢書從其通者以爲定本
先審其音乃解其義然此特愚心所安未

必皆是冀來者擇焉元豐四年十一月已
丑涑水司馬　光　序

揚子法言卷第一

李軌柳宗元注　宋咸吴祕司馬光重添注

雄見諸子各以其知舛馳顔師古曰舛相背大氐詆訾聖人即爲怪迂析辯詭辭以撓世事顔曰大氐大歸也詆訾毁也迂遠也析分也詭異也言諸子之書大歸皆非周孔之教爲巧辯異辭以攪亂時政也雖小辯終破大道而惑衆使溺於所聞而不自知其非也及太史公記六國歷楚漢訖麟止不與聖人同是非頗繆於經故人時有問

雄者常用法應之譔以爲十三卷（顏曰譔與撰同）象論語號曰法言

學行篇（夫學者所以仁其性命之本本立而道生是故冠乎衆篇之首也　咸曰自誠而明聖人而已明誠以降何嘗不由乎學故此所以首衆篇）

天降生民倥侗顓蒙（倥侗無知也顓蒙頑愚也　祕曰倥侗未有所成顓固而蒙昧也）恣于情性（觸意用事）聰明不開（闇塞之謂　祕曰不能性其情則聰明有所蔽）訓諸理（訓導之也　咸曰理猶道也言天民蠢闇故教諸道以開明理　祕曰於是聖人貴學乃訓以仁義禮智信之正理）譔學行（祕曰譔撰述也古或通用夫人自有聰明天命非學則不能啓發故謀道常以學爲先）

學行之上也秘曰夫學者所以爲道者也率性行道表則後世學之上也言之次也秘曰能辯醇疵發成謨訓學之次也光曰言者徒能言而不行教人又其次也咸曰行性而言誠可以爲師矣故又居其次　秘曰欲廣其業以覺後覺學之又其次也　光曰古之學者爲己今之學者爲人爲人故又爲其次咸無焉爲衆人此三者教之大倫也皆無此三者民斯爲下矣　秘曰三者無一斯衆人矣或曰人羨久生將以學也可謂好學已乎曰未之好也學不羨仲尼志道朝聞夕死揚子好學不羨久生　秘曰學如不及豈俟羨久生然後爲學哉　光曰死生有命富貴在天好學者修己之道無羨羨於彼有羨羨者皆非好學者也天之道不在仲尼乎不在在也言在仲尼也　秘曰天生五行其性仁義禮智

信仲尼駕說者也不在茲儒乎駕傳也茲此也祕曰仲尼秉行而贊述之駕說者也其道豈不在茲大儒也如將復駕其所說則莫若使諸儒金口而木舌金寶其口木質其舌傳言如此則是仲尼常在矣　宗元曰金口木舌鐸也使諸儒駕孔子之說如木鐸也　祕曰金口木舌鐸也後世如將復駕仲尼之說則莫如使諸儒比木鐸而宣揚之也語曰天將以夫子爲木鐸書曰每歲孟春遒人以木鐸徇于路孔安國曰木鐸金鈴木舌所以振文教或曰學無益也如質何咸曰質猶性也言性有能否不由於學故爲無益　祕曰孝經說曰性者生之質或言學無益也其如人之質稟受已定何曰未之思矣夫有刀者礲諸有玉者錯諸不礲不錯焉攸用礲錯治玉名

咸曰揚子善誘于人以爲未之思耳苟思矣何無益焉猶夫刀玉非磨而琢之則安能成劉圭璋之用　光曰雖有良金以爲刀不礱則不能斷割雖有美玉不錯則不能成器如是則何所用矣

礱而錯諸質在其中矣

咸曰性雖否學則得之既得之則誠性亦在其中矣故曰或生而知之或學而知之及其知之一也此之謂矣　祕曰學而臻道質性愈全　光曰金玉二物苟礱而錯之隨其質之美惡皆有所用譬之於人賢者學以成德愚者學以寡過豈得謂之無益也

否則輟

否不也輟止也此章各盡其性分而已　咸曰揚子既誘之矣如其不從則任其止焉不欲以能彊人也　祕曰止焉則止也　光曰不學則盡其天質而止矣不能復進益光大也家語子路曰南山有竹不輮自直斬而用之達于犀革以此言之何學之有孔子曰栝而羽之鏃而礪之其入之不亦深乎

螟蠕之子殪而逢蜾蠃祝之曰類我類我久則肖之

矣速哉七十子之肖仲尼也肖類也螺蠃遇螟蠕而受化久乃變成蜂爾七十子之類仲尼又速於是　咸曰螟蠕桑蟲也螺蠃蒲盧也桑蟲子始生而蒲盧取之於木空中七日祝而化之以變爲己子殰者謂其始生未有形性殰然如死故始可以祝而變之祕曰詩草木疏云螟蠕桑上青蟲螺蠃細腰蜂言螟蠕與螺蠃異類殰而祝之以成其子矧仲尼之聖七十子之賢教而誨之豈不速哉學以治之祕曰治其性思以精之祕曰精於道朋友以磨之切磋琢磨祕曰過則勿憚改名譽以崇之祕曰立身揚名不倦以終之祕曰自彊不息可謂好學也已矣上士聞此五者勤而行之不可謂不好也孔子習周公者也顏淵習孔子者也羿逢蒙分其弓良捨

其策般投其斧而習諸孰曰非也咸曰言孔不習周顏不習孔亦猶夫羿弃弓良去策般擲斧而習之也誰曰非乎言實非也　祕曰羿與逢蒙業射者也王良業御者也公輸般業巧者也聖人有教無類使射御工巧各捨己業而時習之誰其非之光曰三子皆以其術名於世則其才必有過人者鄉使捨其術而習聖人之道烏有不可也或曰此名也咸曰周孔顏之名彼名也咸曰羿逢蒙良般之名處一焉而已矣咸曰或人見揚子并論周孔良般疑其名等如一故揚荅以下文　祕曰或人謂有道之名有藝之名有名無二曰川有瀆山有嶽高而且大者衆人所不能踰也言諸賢之有妙藝猶百川之有四瀆衆山之有五嶽而川可度嶽可登高而且大者惟聖人之道如天不可升也　咸曰觀正文之意當云高而且大者衆人所不能踰也脫

其不字矣何以明之或人問般羿周孔之名如一揚以川有瀆山有嶽而對之是謂般羿之徒猶川山周孔之道猶嶽瀆自然小大不同高低有異矣故下篇亦云仲尼之道猶四瀆也由是詳之揚之旨皆以嶽瀆比聖人明矣注不能辨但依誤文以爲之解反謂聖人之道如天不可升且正文安有如天之說哉儻謂揚此文以嶽瀆爲易踰不足方聖人則下文以仲尼比四瀆爲非矣揚豈首尾自相反如此邪　祕曰周孔顏子之道如山川之有嶽瀆豈曰處一而已羿逢蒙良般之藝如山川高而且大者甚衆人所能踰也　光曰一本或作衆人所能踰音義曰俗本脫不字諸本皆有今從之

或問世言鑄金金可鑄與　方術之士言能銷五石化爲黃金故有此問　祕曰或人謂三品之金皆可鑄爲黃金與

曰吾聞覿君子者問鑄人不問鑄金　祕曰揚子以或者非問之問故荅以鑄人　光曰覿見也

或曰人可鑄與曰孔

子鑄顏淵矣鑄之令殆庶幾　光曰借使顏淵不學亦常人爾遇孔子而教之乃庶幾於聖人化它物爲黃金何以異此或人踧爾曰旨哉問鑄金得鑄人踧爾驚貌旨美也喜於問財而得爲人富莫大焉利莫重焉　祕曰或人悟旨問妖妄之鑄金得具體之鑄人學者所以修性也祕曰性仁義禮智信也視聽言貌思性所有也學則正否則邪祕曰其性禮者其事視其性智者其事聽其性義者其事言其性仁者其事貌其性信者其事思學焉則本性正不學則逐物移而天理滅　光曰五事人皆有之不學則隨物而遷不得其正師哉師哉桐子之命也桐洞也桐子洞然未有所知之時制命於師也再言之者歎爲人師制人善惡之命不可不明慎也　咸曰桐當爲侗字之誤也雄自序學行云侹侗顓蒙此曰桐子者取是義也不當作桐

木之桐注依說文訓爲洞無所據焉　祕曰此章言學爲王者事須師道之訓以正幼主之命也歎而言之重其事也桐子太甲也太甲太丁之子既立不用伊尹之訓伊尹放之桐三年悔過處仁遷義以聽其訓己歸亳復政百姓以寧書曰既往背師保之訓是也伊尹指師哉太甲言桐子者蓋當王莽輔孺子嬰之世其辭文其旨遠也孝至篇曰勤勞則過於阿衡皆其類與　光曰侗未成器之人也

務學不如務求師　求師者就有道而正焉　祕曰務學之先莫如得其人而師之

師者人之模範也模不模範不範爲不少矣　傷夫欲爲而不得其道者多矣　祕曰有似是而非而學者不悟從而爲道者多矣　光曰師者先正己而後能正人

一閧之市不勝異意焉　賣者欲貴買者欲賤非異如何　咸曰閧鬭也孟子云鄒與魯鬨言市聲如鬭而閧然

一卷之書不勝異說焉

一閧之市必立之平一卷之書必立之師

市無平必失貴賤之正書無師必繆典謨之旨　祕曰一閧猶言一巷也一巷市之小人意各殊必立質人以平之一卷書之少人說各異必立師氏以正之周禮質人中士二人鄭云質平也主平定物價者師氏中大夫一人鄭云師教人以道之者之稱也

習乎習

歎所玩習　光曰歎習貫之移人也

以習非之勝是也

咸曰非謂異端之術　光曰南方之俗以雕題爲美氾戎之俗以焚尸爲榮安於所習不知其非習小道者亦類於此

況習是之勝非乎

咸曰是謂正經之術　光曰聖人之道明則異端自息矣

於戲學者審其是而已矣

祕曰習乎習誠慎其習也以習諸子之勝於五經也況習五經以勝於諸子乎學者詳審而已矣桓譚曰昔老聃著虛無之言兩篇薄仁義非禮學然後好之者尚以過於五經

或

曰焉知是而習之 祕曰道家亦非儒 曰視日月而知衆星之蔑也 光曰蔑微也 仰聖人而知衆説之小也 大小之相形高下之相傾 祕曰衆説之小所見者小也 光曰人苟盡心於聖人之道則衆説之不足學易知矣

學之爲王者事其已久矣堯舜禹湯文武汲汲仲尼皇皇其已久矣 祕曰儒學者本聖人之道聖人之道乃王者之事故二帝三王孔子汲汲皇皇焉其來久矣子夏曰堯學于君疇舜學于務成昭禹學于西王國湯學于成子伯文王學于時子思武王學于郭叔曾子問曰吾聞諸老聃學禮也昭公十七年傳曰仲尼聞之見於郯子而學之學紀官也樂記曰唯丘之聞諸萇弘學樂也君疇君壽史或作尹壽一也 光曰仲尼雖不王乃所學則王道也

或問進 祕曰進於

道曰水或曰爲其不捨晝夜與曰有是哉滿而後漸者其水乎水滿坎而後進人學博而後仕祕曰盈科則漸進也光曰子路有聞未之能行唯恐有聞君子之學不務博而務精不務知而務行或問鴻漸曰非其往不往非其居不居漸猶水乎鴻之不失寒暑亦猶水之因地制行祕曰鴻漸于陵水流就下其漸一也光曰鴻避寒而就温學者去非而從是然鴻之飛也不決起直上必以漸而致高學者亦自近小而至遠大猶水之滿而後進也請問木漸祕曰易曰山上有木漸曰止於下而漸於上者其木也哉亦猶水而已矣止於下者根本也漸於上者枝條也士之據道義爲根本業貴無虧進禮學如枝條德貴日新祕曰巽木上長木

漸於上水流就下其漸亦一也　光曰木根不動而枝葉進長
學者正心修身而家齊國治然十仞之木非朝夕而成聖人之
德非造次而立亦猶
水之滿而後進也　吾未見好斧藻其德若斧
藻其楶者也　斧藻猶刻桷丹楹之飾楶櫨也　祕曰
桷謂之楶　光曰斧斲削也藻文飾也　鳥
獸觸其情者也　祕曰無
別也　衆人則異乎　人由禮義
閑其邪情
故異於鳥獸也　祕曰衆人有禮義之別
所以異乎觸情　光曰人爲萬物之靈　賢人則異衆
人矣　奉宣訓誨　咸曰賢人豈特但能奉宣教誨而已蓋言
其有明誠之性而異衆人　祕曰賢者述之異於衆人
光曰能
循禮義　聖人則異賢人矣　制立禮教　咸曰聖人豈特
但止制立禮教而已蓋言其
生而知之又異賢人　祕曰聖人
作之異於賢人　光曰極深研幾　禮義之作有以矣

夫言訓物者其豈徒哉　咸曰聖賢以鳥獸雌雄無常觸情則動故作禮義使衆人自別誠有旨哉　祕曰聖人制作禮義使人自別於鳥獸豈彊爲之敎哉人而不學雖無憂如禽何是以聖人作爲禮以敎人使人以有禮知自別於禽獸　祕曰人而不學禮義之經雖夷曠而無憂柰如禽何　光曰不學則不知禮義

學者所以求爲君子也光曰言非獨習其文而已求而不得者有矣夫未有不求而得之者也有其具而猶或不能成其事無其志必不能立其業　祕曰求而不得蓋有所未至睎驥之馬亦驥之乘也睎顏之人亦顏之徒也祕曰睎睎慕也或曰顏徒易乎睎之則是祕曰顏子庶幾疑其難至曰昔顏常睎夫子

矣正考甫常睎尹吉甫矣正考甫宋襄公之臣也尹吉甫周宣王之臣也吉甫作周頌正考甫慕之而作商頌　祕曰正考甫宋宣公之上卿尹吉甫周宣王之卿士尹吉甫深於詩教作大雅崧高烝民之詩以美宣王正考甫慕之亦能得商頌十二篇以頌湯之盛德昭公七年傳曰及正考父佐戴武宣公子奚斯常睎正考甫矣奚斯魯僖公之臣慕正考甫作魯頌　祕曰正考甫商頌蓋美禘祀之事而魯大夫公子奚斯能作閟公之廟亦睎詩之教也而魯頌美之曰松桷有舄路寢孔碩新廟奕奕奚斯所作　光曰揚子以謂正考甫作商頌奚斯作閟宮之詩故云然不欲睎則已矣一本上有如字如欲睎孰禦焉或曰書與經同咸曰書謂諸傳記之書猶論語孝經爾雅荀孟之類經謂五經也言此等書宗道與經所同也而世不尚咸曰漢文帝以論語孝經孟子爾雅皆置博士後罷傳記博士

獨立五經博士列學科而已論語爾雅荀孟之類未也故云世不尚治之可乎曰可咸曰揚以爲皆本諸道雖世不尚亦可治而學之　祕曰凡諸書與五經同而時世不尚未列于學官者治之可乎書謂若左氏傳古文尚書毛詩樂記之類

或人啞爾笑曰須以發策決科射以決科經以策試今徒治同經之書而不見策用故笑之　祕曰漢之明經必爲難問疑義書之於策量其大小署爲甲乙之科列而置之不使彰顯有欲射者隨其所取得而釋之故曰須以發策決科而同經無所施焉是以笑之其當時五經列于學科者易則施孟梁丘京氏書則歐陽大小夏侯氏詩則齊魯韓禮則大小戴慶氏春秋則公穀王莽置周官博士餘不在焉

曰大人之學也爲道小人之學也爲利子爲道乎爲利乎咸曰或人謂可以決科之經則治之是爲利而非爲道也故揚以君子小人正之

或

曰耕不穫獵不饗耕獵乎祕曰或人以書不得祿利而治之譬猶耕獵不得穫饗亦耕獵乎曰耕道而得道獵德而得德是穫饗已耕獵如此利莫大焉　祕曰必須治者以道德資焉吾不覩參辰之相比也是以君子貴遷善咸曰參辰二星名晉史董因曰公子重耳以辰出而參入言重耳以驪姬之難出晉當辰於外十九年入晉當參也以參辰出沒不相比列而重耳象之終免其禍得出處之正故君子不器乃遷善之法也禮曰安安而能遷鄭康成曰舅犯與姜氏醉重耳而行近之是多其可遷則遷爲遷善之義也遷善也者聖人之徒與移惡就善兼摠仁義也徒猶弟子也　祕曰參辰二星不並見猶善惡二途不同迹是以君子貴捨惡而遷善遷善者聖人徒也書曰惟狂克念作聖　光曰參辰所以不相近者以宋居其

所不能相就也君子則不然能去惡而遷善去惡遷善而不息則爲聖人之徒矣　百川學海而至于海行之不息歸之不巳　丘陵學山不至于山是故惡夫畫也畫止　祕曰語曰今汝畫畫止也　光曰百川亦海之類而小故曰學海丘陵亦山之類而小故曰學山百川動而不息故能至于海丘陵止而不進故不至於山學者亦猶是矣　頻頻之黨甚於鷽斯亦賊夫糧食而已矣鷽斯羣行啄穀喻人黨比游宴賊害糧食有損無益也　祕曰鷽斯鵯鶋小而多羣言頻頻黨比之人甚於鵯鶋之羣徒耗賊稻粱而已矣　光曰人而不學飽食終日無所用心徒耗糧食何以異於野鳥　朋而不心面朋也友而不心面友也匿怨仲尼之所恥面朋揚子之所譏　光曰言朋友當以誠心相與切磋琢磨不可心知其非而不告但

外貌相媚悦羣居遊戲相從飲食而已或謂子之治產不如丹圭之富祕曰白圭周人也名丹字圭亦曰丹圭趨時若猛獸鷙鳥之發天下言治生者祖白圭言揚子一壥一區不如丹圭之富曰吾聞先生相與言則以仁與義咸曰先生有道之稱猶先覺生知之士市井相與言則以財與利如其富如其富咸曰彼利我義祕曰言當以義或曰先生生無以養死無以葬如之何曰以其所以養養之至也以其所以葬葬之至也養不必豐葬不必厚各順其宜惟義所在祕曰生事之以禮不必豐也死葬之以禮不必厚也孔子曰啜菽飲水盡其歡斯之謂孝斂手足形還葬而無椁稱其財斯之謂

禮或曰猗頓之富以爲孝不亦至乎顏其
餒矣秘曰猗頓用鹽監起魯之富者言猗頓之富是謂能養顏子簞瓢是爲餒矣　光曰或人以爲顏氏之親恐不
免於餒也曰彼以其粗秘曰施以餒饌顏以其精秘曰承以奉順彼以
其回顏以其貞回邪也貞正也顏其劣乎顏其劣乎
至足者外物不能累其內　秘曰彼以犬馬之養回而不正顏以承順顏色正而不回顏豈劣哉　光曰養體爲粗養志爲精
驕亂爭疾爲邪屢空不改其樂爲正或曰使我紆朱懷金其樂不
可量巳秘曰紆朱之美服懷金之重寶以爲樂　光曰朱衣金印貴者之服上章言富不足慕此章言貴不足樂
皆不如學也曰紆朱懷金之樂不如顏氏子之樂

顏氏子之樂也内紆朱懷金之樂也外至樂内足不待於外内樂不足是故假於金朱外物耳乃説樂也　祕曰顏子樂道故曰内或人樂物故曰外或曰請問屢空之内欲以此義嘲揚子也　咸曰或人以揚言顏子樂内而非紆朱懷金故以顏子屢空爲難非有嘲揚子之意也　祕曰顏子屢空何爲樂内光曰言顏子貧賤家資屢空其内何樂之有曰顏不孔雖得天下不足以爲樂祕曰顏得孔子而臻于道所以樂也非此雖得天下豈顏子之樂哉然亦有苦乎光曰言雖樂孔子之道豈能不以貧賤爲苦乎曰顏苦孔之卓之至也咸曰言顏之所苦無它焉惟苦孔子之道卓遠耳故曰仰之彌高鑽之彌堅　祕曰顏子曰如有所立卓爾雖欲從之末由也已　一本無之至二字或人瞿然咸曰

瞿然猶駭也曰茲苦也祇其所以爲樂也與秘曰瞿疾視貌或本作懼祇適也或人瞿然曰茲苦孔之卓也何適其所以爲樂哉雜記曰見似目瞿聞名心瞿　光曰孔子之道至高顏子悅而慕之所以爲樂也曰有教立道無心仲尼有學術業無心顏淵秘曰言有教立道此外無心者仲尼是也有學術業此外無心者顏淵是也　光曰言教立道者當以仲尼爲心學術業者當以顏淵爲心或曰立道仲尼不可爲思矣術業顏淵不可爲力矣咸曰或人疑孔顏之道不可以思力學之故對以下文爲可學也　秘曰據孔子所立卓爾顏淵聞一知十曰未之思也孰禦焉孔子習周公顏淵習孔子無止之者　秘曰習孔者孔之徒睎顏者顏之徒誰止焉

揚子法言卷第一

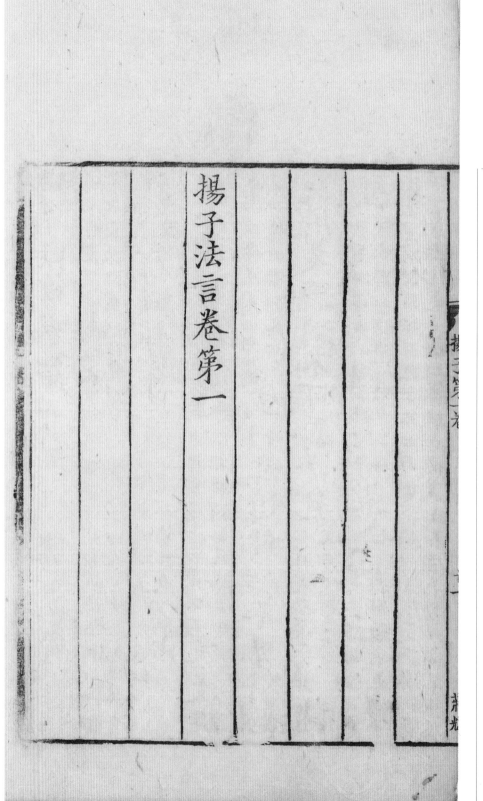

揚子法言卷第二

李軌柳宗元注　宋咸吳祕司馬光重添注

吾子篇

崇本在乎抑末學大道絕乎小辯也　咸曰人既裕乎學也則吾道有歸故次之學行

降周迄孔成于王道禮樂備也　光曰顏曰周周公也迄至也然後誕章諸子應時而作詭世之言　祕曰迄至也誕大也章明也周孔之後禮樂大明乖離咸曰然後誕章乖離當爲一句言自仲尼之後詭誕之章作而乖離於道今注於誕章文下釋之隔乖離二字於下句甚失其義諸子祕曰異端起乃乖離於諸子矣圖徽貴此聖人坦蕩之夷路賤彼百家雜穢之邪徑　咸曰徽善也諸子謂吾道之諸子也言詭誕之章乖離於道諸子當圖其善而學之戒夫習者也　祕曰圖謀也徽美也辯其異端而謀其徽美

譔吾子祕曰綺靡荒唐彫刻詭誕俱謂之文人各矜尚而不知其正者正之　光曰貴道義抑浮辭

或問吾子少而好賦咸曰初子雲好辭賦嘗擬相如以爲式　祕曰顧嘗好辭賦作四賦曰然童子彫蟲篆刻少年之事俄而曰壯夫不爲也悔作之也　咸曰漢儒之賦古詩之流尚曰彫蟲篆刻壯夫不爲矧乎今之賦也猶倡言優戲之具爾作之者作宜愧焉　祕曰其文彫刻非法度所存賢人君子詩賦之正也於是輟不復爲

或曰賦可以諷乎祕曰言賦將以諷之乃歸於正　光曰謂若上林頹牆填壍之類曰諷乎駁歎之聲也一本無諷乎二字諷則已不已吾恐不免於勸也相如作大人賦武帝覽之乃飄飄然有凌雲之志　咸曰此正文正宜有曰字諸本並無蓋脫之也　祕曰諷之必推類而言極麗靡之辭然後諷

之以正如其不已迺復成勸言不正也

或曰霧縠之組麗言可好也　祕曰組織纖麗

光曰時人以爲賦如女工之有綺縠可以悅目

曰女工之蠹矣霧縠雖麗蠹害女工辭賦雖巧惑亂聖典　祕曰猶麗靡之害正也

劒客論曰劒可以愛身言擊劒可以衛護愛身辭賦可以諷諭勸人也　祕曰劒客擊劒之客謂劒之利器可以防愛其身

曰狴犴使人多禮乎言狴犴使人多禮辭賦使人放蕩惑亂也　咸曰狴當作梐字之誤也　狴犴牢獄也劒客之論謂劒可以衛身揚以君子之衞身當由夫道故對之以爲若使擊劒可衞身則囹圄之牢有三木之威因者多恭豈使人多禮乎言不能也蓋特沮其劒術爾今注文與好賦相連叚解之復以狴犴爲擊劒之形貌又以梐作狴犴矣　祕曰狴犴牢獄也言劒之威人莫敢犯豈牢獄之威使人多禮乎狴或作梐古今字爾　光曰人在牢獄之中不得動搖因謂之多禮不知其已陷危辱之地

矣不若不入牢獄之爲善也劒雖可以衛身不若以道自防不至於用劒之爲善也或問景差唐勒宋玉枚乘之賦也益乎祕曰景差唐勒宋玉楚大夫枚乘漢都尉善賦者也　光曰言亦有益於事乎曰必也淫言無益於正也　祕曰麗以淫　光曰皆誇誕過實之辭淫則奈何曰詩人之賦麗以則陳威儀布法則　咸曰詩人之賦猶二雅之作　祕曰一曰風二曰賦雅有典作辭人之賦麗以淫奢侈相勝靡麗相越不歸於正也　咸曰辭人之賦猶景唐之流　祕曰覽者已過矣　光曰其文皆主於靡麗而詩人以之立法則辭人徒誇誕過實不可爲法如孔氏之門用賦也則賈誼升堂相如入室矣如其不用何祕曰升堂入室必以聖人之道藝文志賈誼賦七篇

相如賦二十九篇

或問蒼蠅紅紫蒼蠅間于白黑紅紫似朱而非朱也

光曰言其無益

咸曰言欲辯蒼蠅白黑與紫亂朱之義也紅即朱也蓋正色焉紫間色焉故語曰惡紫之奪朱祕曰使白爲黑惡紫奪朱

曰明視問鄭衛之似祕曰似雅樂曰聰聽光曰蒼蠅變白黑紅紫亂正色鄭衛似雅音皆人所難辨唯聰明者辨之不惑也或曰朱曠不世如之何祕曰離朱善視師曠善聽今不世有如之何視聽哉曰亦精之而已矣祕曰不必朱曠亦精專而已矣光曰言精心以求之則眞僞易辨不必朱曠之視聽也或問交五聲十二律也或雅或鄭何也交猶和也五聲宮商角徵羽也十二律者十二月之律呂也祕曰凡樂交用五聲十二律分雅分鄭何也光曰交俱也言俱用聲律而有雅有鄭俱談道德而有是有非何也曰中正

則雅多哇則鄭也中正者宮商温雅也多哇者淫聲繁越多而哇者淫鄭之聲也謂之宮商温雅失之矣　咸曰其音中而正者大雅之章也五聲聲也聲成文謂之音正聲感人而順氣應之順氣成象而和樂生焉雅也姦聲感人而逆氣應之逆氣成象而淫樂生焉鄭也　祕曰哇淫聲　光曰哇以諭奇僻之論

請問本曰黃鍾以生之中正以平之確乎鄭衛不能入也聲平和則鄭衛不能入也學業常正則雜說不能傾也事得本則邪佞不能繆也　祕曰黃鍾爲音律之本以生之中正之聲以平和之舉是鄭衛流僻之音不能入也推揚推大舉也　一本確作推　光曰確堅貌黃鍾爲律本聖人爲道本諸子猶鄭衛也學稽道者諸聖人概以中正確然堅固奇僻之論何從而入哉

或曰女有色書亦有色乎曰有女惡華丹之亂窈

宨也書惡淫辭之淈法度也咸曰淈亂也祕曰淈濁也淫辭之淈亂正法屈原曰淈其泥而揚其波 光曰淈亂也諸子以淫靡之辭逞其巧辯汨亂道眞人多悅而惑之以陷於非僻或問屈原智乎曰如玉如瑩爰變丹青如其智如其智夫智者達天命審行廢如玉之瑩磨而不磷今屈原放逐感激爰變雖有文彩丹青之倫爾咸曰非也言原事楚王入則圖議國事出則接遇賓客方正盡忠義有瑕汚如玉之瑩矣然爲上官大夫子蘭之讒卒以放逐是爲丹青所變矣復不能計窮達之命自沈而死是智不足矣丹青喻讒 祕曰原負明正之資本爲楚之忠臣如玉如瑩也被上官大夫子蘭之毀不能捨之則藏遂著文華流于後世迺爲楚之辭臣爰變丹青也遇不遇命也何必湛身如何其智如何其智非智也 光曰石次玉者玉瑩喻清潔丹青喻有文采言屈原雖有行能如此之美而不能樂天知命悲憂憤懣至於

自洮不足言其智也或問一作曰君子尚辭乎曰君子事之爲尚貴事實賤虛辭祕曰尚事實事勝辭則伉咸曰事有餘而辭不足則質矣祕曰質勝文則伉直抗當作伉古或通用史記曰子路志伉直光曰伉謂伉直伉直者質之謂也音義曰伉徒也事勝事則賦咸曰揚子前云辭人之賦麗以淫此謂事不足而辭有餘是傷之淫華如辭人賦爾下注謂賦頌者虛過非也祕曰櫽當時賦之賦事辭稱則經夫事功多而辭美少則聽聲者伉直也事功省而辭美多則賦頌者虛過也事辭相稱乃合經典祕曰文質彬彬足言足容德之藻矣足言夸毗之辭足容戚施之面言皆藻飾之僞非篤實之眞咸曰足當爲足恭之足法言準論語故有足言足容也若以充足呼之則未可爲夸毗戚施之義也祕曰言滿天下無口過足言也容止可觀足容也言也容也爲有德之文藻

光曰足言善辭令足容盛威儀有德則爲文章無德則爲澆僞

或問公孫龍詭辭數萬以爲法法與祕曰公孫龍趙人爲堅白之辯者其書十四篇以爲法是法與莊子曰公孫龍辯者之徒曰斷木爲棊梡革爲鞠亦皆有法焉咸曰言棊鞠雖鄙伎亦法也公孫龍之法類此 祕曰梡當爲捬捬刮摩也棊鞠戲具器用之末者尚有制度詭辭無法而爲法哉 光曰梡當作楦所以塞覆也以毛楦革而爲鞠言圍棊蹋鞠亦皆有法以取勝不合乎先王之法者君子不法也大匠之誨人也必以規矩君子之訓物也必以仁義 祕曰言書不合乎禹湯文武之法者君子不以爲法也

觀書者譬諸觀山及水升東嶽而知衆山之峛崺也況介丘乎咸曰邐迤猶卑

眇也介小也浮滄海而知江河之惡沱也況枯澤乎咸曰惡沱猶淺末也　祕曰介大也惡讀如川澤納汙之汙言升東嶽而觀則知衆山之連延巳卑矣況大丘乎浮滄海而觀則知江河之濁小矣況竭澤乎猶習五經而觀則諸子巳小矣況詭辭以爲法乎爾雅謂河所渠并千七百一川色黄郭云潛流地中汨漱沙壤所受渠多衆水混淆宜其黄濁詩云江有沱諭江水大沱水小郭云此故止水别出耳舍舟航而濟乎瀆者末矣舍五經而濟乎道者末矣末無弃常珍而嗜乎異饌者惡覩其識味也祕曰惡安也委大聖而好乎諸子者惡覩其識道也祕曰諸子若惠施公孫龍莊老申商之類山峌之蹊不可勝

由矣向牆之戶不可勝入矣嶝谷也　祕曰嶝宜讀如陘陘山中絕也蹊徑也言山中絕之徑不可勝由矣面牆之戶不可勝入矣猶諸子之言不可勝好矣　光曰如諸子之言不可以入於道也曰惡由入曰孔氏孔氏者戶也祕曰正門也曰子戶乎曰戶哉戶哉吾獨有不戶者矣惡夫不由聖人之道者也　祕曰或曰子亦由孔氏戶乎曰戶哉戶哉言斯戶也豈它也哉吾獨有不由諸子之戶哉或欲學蒼頡史篇多知奇難之字故欲學之　祕曰蒼頡一篇史籀十五篇皆字學曰史乎史乎愈於妄闕也再言史乎者善之也言勝於不知而妄名不知而闕廢　祕曰蒼頡亦史類故曰史乎史乎猶勝於學諸子之妄不學之闕也或曰有人焉自云一無云字

姓孔而字仲尼入其門升其堂伏其几襲其裳則可謂仲尼乎曰其文是也其質非也敢問質曰羊質而虎皮見草而說見豺而戰戰悸　祕曰戰兢忘其皮之虎也羊假虎皮見豺則戰人假僞名考實則窮　光曰君子小人必臨利害然後見其眞聖人虎別其文炳也如虎之別百獸炳然殊異君子豹別其文蔚也蔚然有文章而次虎也　祕曰別辨別也聖人文之大者其文炳煥也君子次之其文蔚盛也辯人貍別其文萃也萃然有文采異於貙貉　祕曰辭辯之人又次之其文叢萃也貍變則豹祕曰辯人睎君子則君子矣豹變則

虎咸曰貍變豹豹變虎豈然邪亦循循善誘人也　祕曰君子晞聖人亦聖之徒　光曰言三者皆有文章顧其質不同耳若能變更其質去彼取此孰禦焉好書而不要諸仲尼書肆也賣書市肆不能釋義　祕曰若市書之肆好說而不要諸仲尼說鈴也鈴以喻小聲猶小說不合大雅　祕曰見則諸儒之木鐸也不見則說鈴也君子言也無擇非法不言何所擇乎聽也無淫非正不聽何所淫乎擇則亂淫則辟言有可擇則穢亂聽有淫侈則邪辟　祕曰口有擇言則是非相亂聽不正則入乎邪辟　光曰擇謂言雜是非淫謂聽入邪哆述正道而稍邪哆者有矣咸曰吳起述曾子反名不孝韓非述荀卿卒聞刑名　祕曰哆脣下垂也亦謂其言不正也猶辭賦本欲諷以正道而其辭已邪哆矣未有述

邪哆而稍正也習實生常　咸曰蘇秦張儀述鬼谷而終詭數　祕曰未有專述邪哆之辭而能歸於正道　光曰言習聖道而陷於異端者有矣未有習異端而入於聖道者也孔子之道其較且易也言較然易知　祕曰孔子之道已試之效且易知也或曰童而習之白紛如也言皓首猶亂　祕曰紛如亂而不理也班固曰童幼而守一藝白首而後能言何其較且易曰謂其不姦姦不詐詐也不姦姦者以虛受人也不詐詐者以正教人也　祕曰孔子之道已較而易知猶夾谷齊人干會孔子以正言却之不姦姦也互鄉童子請見孔子以絜已與之不詐詐也　光曰孔子之道以正化姦以誠去詐故較易也諸儒佔畢以爲博多訊以爲辯是以姦敵姦以詐勝詐也如姦姦而詐詐雖有耳目焉得而正諸

姦姦者以姦欺姦詐詐者以詐欺詐　咸曰非也聖人之不以姦欺姦不以詐欺詐雖堅子皆知之矣豈特揚子言而後辯哉夫不姦姦者謂不姦其姦知懲惡貶惡之義不詐詐者謂不詐其詐如闕文之類　祕曰如使姦以敵姦詐以拒詐學者雖有耳目安得而正之也　光曰已之耳目尚不能正焉能正人

多聞則守之以約所守簡要　祕曰百家之聞守之以經

多見則守之以卓所覩廣遠　祕曰衆言之見守之以聖

寡聞則無約也寡見則無卓也少聞無要約之守少見無卓絕之照　祕曰不聞詭辭何以表經旨之約不見小說何以明聖道之卓　光曰約謂擇其精要卓謂取其高遠

綠衣三百色如之何矣紵絮三千寒如之何矣綠衣雖有三百領色雜不可入宗廟紵絮雖有三千紙單薄不可以禦冬寒文賦雜子不可以經聖典　祕曰綠衣非正色紵

綮非純綿雖多不益於實用猶詭辭小說不益於正理　光曰如習非者博而無益　君子之道有四易簡而易用也祕曰居敬而行簡　光曰簡則易從要而易守也祕曰一以貫之炳而易見也祕曰坦然明白法而易言也祕曰法語之言能無從乎　光曰有制度可言震風凌雨凌暴　祕曰暴雨然後知夏屋之爲帡幪也夏大也帡幪蓋覆虐政虐世然後知聖人之爲郛郭也郛郭限内外禦姦宄聖人崇仁義正愆違　祕曰聖人之道能遠暴虐　光曰聖人之道磨而不磷涅而不緇治亦宜亂亦宜如郛郭可以自衛也古者楊墨塞路孟子辭而闢之廓如也咸曰墨翟之道摩頂放踵以利天下爲之是兼愛也然無親疎之别楊朱之道

拔一毛以利天下不爲之是爲己也然爲己乃獨善其身兼愛獨善俱偏於道而教授其徒以亂天下是塞聖人之路者也然爲己猶得不毀傷之義無親踈之別大爲不可故孟子曰逃墨必歸於揚逃揚必歸於儒歸斯受之而巳矣此孟子闢之之辭也　祕曰揚朱墨翟之横議充塞聖人之正路孟子辯而闢之廓然無復塞矣孟子曰揚墨之道不息孔子之道不著是邪說誣民充塞仁義也

後之塞路者有矣祕曰若韓莊申商之類竊自比於孟子或曰人各是其所是而非其所非將誰使正之曰萬物紛錯則縣諸天衆言淆亂則折諸聖光曰萬物名狀雖殊其性命皆稟於天衆言理趣雖殊其極致終歸於聖或曰惡覩乎聖而折諸曰在則人亡則書祕曰五經

其統一也

揚子法言卷第二

五福五代堂古稀天子寶

八徵耄念之寶

太上皇帝之寶

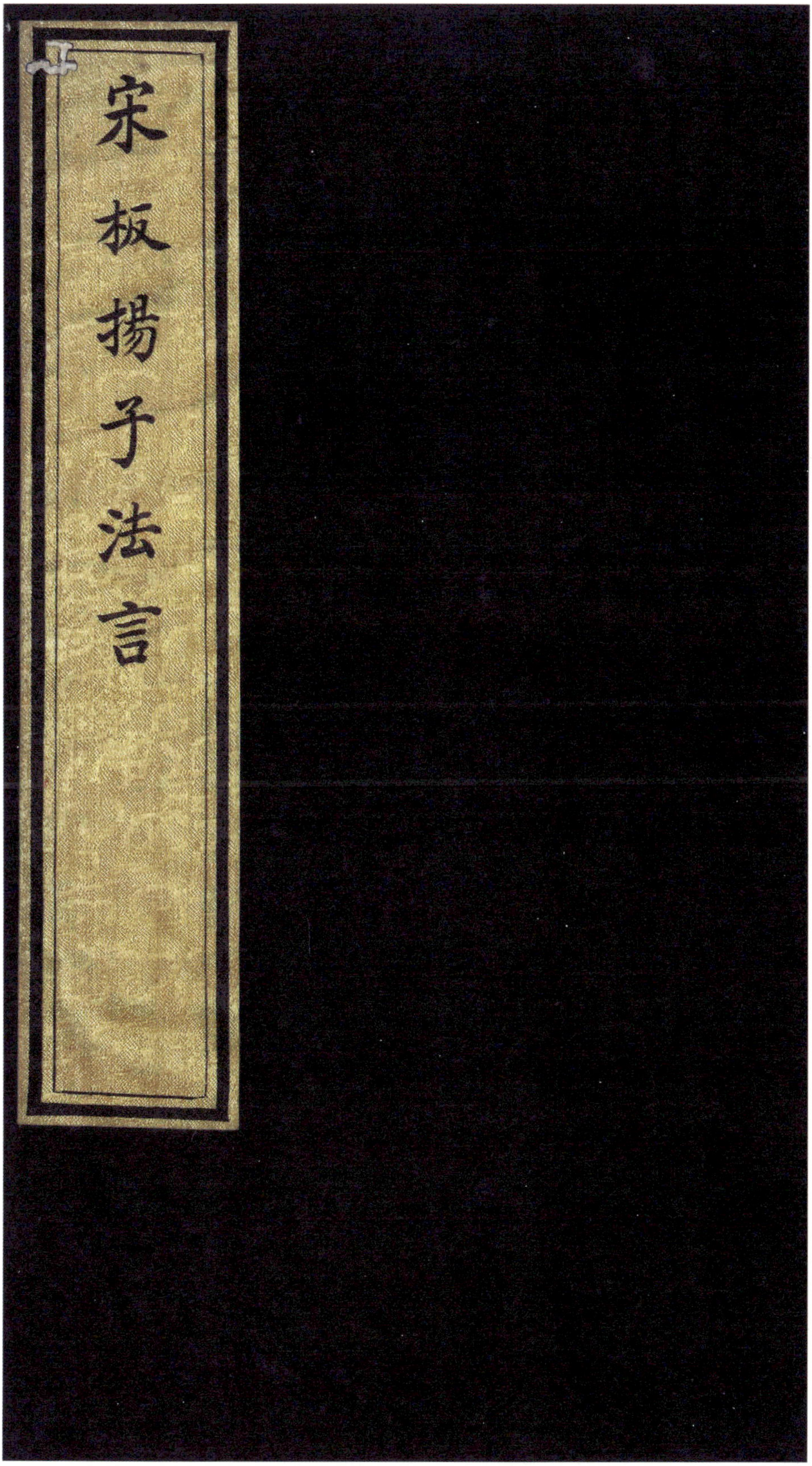
宋板揚子法言

揚子法言卷第三

李軌柳 宗元注 宋咸 吳祕 司馬光重添注

修身篇

求己以反本守母以存子此其大要 咸曰吾
道之學先諸身者也修則克矣故次之吾子

事有本眞 祕曰凡事有本
有眞眞正道也

陳施于意動不克咸

克能咸皆 咸曰陳布也施行也言正道之事當
在己意自布行之而勿求備於人故曰不克咸

本諸身 自
求
之義 祕曰言陳施之動成萬法而不能咸一其本在修身
光曰咸感也人欲陳施其意治化天下動而不能感人者蓋由
外逐浮僞内無本眞不能正
己以正物故當先本諸身也

譔修身 祕曰内充至理而行
止出處皆成律度

修身以爲弓矯思以爲矢 祕曰矯思猶正思也
說文云矯揉箭箝也

立

義以爲的奠而後後發發必中矣無敵於天下也祕曰事得其宜之謂義言修身正思定而後發俱中道之宜奠定也人之性也善惡混混雜也荀子以爲人性惡孟子以爲人性善而揚子以爲人性雜三子取譬雖異然大同儒教忘言尋統厥義兼通爾惟聖罔念作狂惟狂克念作聖揚子之言備極兩家反覆之喻於是俱暢祕曰天命之謂性性命之初善惡兼全故赤子之生七情未著而先有號笑喜怒喜怒者善惡之端也是正性與善惡相混修其善則爲善人修其惡則爲惡人所謂混也咸曰孔子云中人以上可以語上中人以下不可以語上也又曰上智與下愚不移考聖人之言則是人有上中下三品矣上焉者善下焉者惡中焉者可上可下善惡混也故賈誼新書亦於人主分三等曰有上主有中主有下主夫上主者可以引之而上不可以引之而下下主者可以引之而下不可以引之而

上中主者可以引之而上亦可以引之而下也故上主者堯舜
是也夏后禹稷與之爲善則行鯀驩兜欲引而爲惡則誅故可
與爲善而不可與爲惡也下主者桀紂是也跂踵惡來與之爲
惡則行比干龍逢欲引而爲善則誅故可與爲惡而不可與爲
善也中主者齊桓公是也得管仲隰朋則霸用堅貂子牙則亂
今揚子之意謂孟子巳言人性善是論上品矣荀子巳言人性
惡是論下品矣而未及中品故於此謂人之性善惡混又曰修
其善則爲善人修其惡則爲惡人觀其文是止言中品之性明
矣非謂人皆然也得非夫子所謂中人以上可以語上中人以
下不可以語上者邪得非賈誼所謂可以引之而上亦可以引
之而下者邪故三子言性各舉其品教亦備矣　祕曰習與性
成　光曰孟子以爲人性善其不善者外物誘之也荀子以爲
人性惡其善者聖人教之也是皆得其一偏而遺其本實夫性
者人之所受於天以生者也善與惡必兼有之猶陰之與陽也
是故雖聖人不能無惡雖愚人不能無善其所受多少之間則
殊矣善至多而惡至少則爲聖人惡至多而善至少則爲愚人

音蒿拔去田中草也
即耨也耨名薅器形
如鋤柄長三尺刃廣二
寸以刺地除草乃耘
草器孟子所謂深
耕易耨也又茠拺二
字與以薅字同又鎒
字與此耨字同

善惡相半則爲中人聖人之惡不能勝其善愚人之善不能勝其惡不勝則從而亡矣故曰惟上智與下愚不移雖然不學則善日消而惡日滋學焉則惡日消而善日滋故曰惟聖罔念作狂惟狂克念作聖必曰聖人無惡則安用學矣必曰愚人無善則安用教矣譬之於田稻粱藜莠相與並生善治田者薅其藜莠而養其稻粱不善治田者反之善治性者長其善而去其惡不善治性者反之孟子以爲仁義禮智皆出乎性者也是豈可謂之不然乎然殊不知暴慢貪惑亦出乎性也是信稻粱之生於田而不信藜莠之亦生於田也荀子以爲爭奪殘賊之心人之所生而有也不以師法禮義正之則悖亂而不治是豈可謂之不然與然殊不知慈愛羞惡之心亦生而有也是信藜莠之生於田而不信稻粱之亦生於田也故揚子以爲人之性善惡混混者善惡雜處於心之謂也顧人所擇而修之何如耳修其善則爲善人修其惡則爲惡人斯理也豈不曉然明白矣哉如孟子之言所謂長善者也如荀子之言所謂去惡者也揚子則兼之矣韓文公解揚子之言以爲始也混而今也善惡亦非知

揚子者也

氣也者所適善惡之馬也與御氣爲人若御馬涉道由通衢則逕利適惡路則駑蹇秘曰人馭氣而行猶乘馬也善惡二途惟其所適光曰夢得曰志之所往則氣隨之言不可不養以適正也乘而之善則爲忠爲義乘而之惡則爲慢爲暴

或曰孔子之事多矣秘曰揔百王之法不用則亦勤且憂乎光曰孔子以天下不治爲己任則其事多矣然終不見用於世則徒勤且憂乎

曰聖人樂天知命樂天則不勤咸曰孟子謂孔子可以速而速可以久而久可以處而處可以仕而仕又曰孔子聖之時者也茲所謂不勤矣知命則不憂咸曰匡人圍之乃援琴而歌又曰桓魋其如予何茲所謂不憂矣

或問銘秘曰若湯之盤正考父之鼎皆有銘之類

曰銘哉銘哉有意於愼也歎美戒愼之至

聖人之辭可爲也所謂文章可得而聞使人信之所不可爲也祕曰聖人之辭先王之法故可爲也人有善惡好惡不同必使皆信所不可爲也語曰未若鄉人之善者好之其不善者惡之　光曰以其有至誠全德故人信其言是以君子彊學而力行貴令信敬素著　祕曰彊學以多識力行以安道善者導之以仁惡者導之以義雖蠻貊之邦亦可行矣珍其貨而後市貨珍價必貴修其身而後交身修交必固善其謀而後動成道也無所不通　祕曰貨珍者價必倍猶如身修者交必賢謀善者動必得所以成道也　光曰先成己道然後接物君子之所愼言禮書愼言無口過愼禮無失儀言禮是愼兼之於書　祕曰愼言榮辱之主愼禮有則安無則危愼書習是勝非上交不

謟下交不驕則可以有爲矣或曰君子自守奚其交曰天地交萬物生人道交功勳成奚其守天地之交以道人道之交以理俱當順天人之道理而無所迕逆也　祕曰易曰各從其類自然之理也君子之交謂之朋友非朋黨也小人之交謂之朋黨非朋友也好大而不爲大不大矣好高而不爲高不高矣祕曰譬如爲山未成一簣止吾止也仰天庭而知天下之居卑也哉覩聖道然後知諸子之淺小　祕曰仰聖人之道彌高而知止於異習者居卑也哉　光曰人情莫不好大好高而德常小行常卑若仰觀聖人之道則知已所守之下矣公儀子董仲舒之才之邵也邵高也公儀子爲魯相婦

織於室遣去之園有葵拔弃之不與民爭利也董仲舒爲江都相下帷三年不闚園此二子才德高美　光曰董仲舒曰皇皇求財利常恐匱乏者庶人之意也皇皇求仁義常恐不能化民者大夫之意也此所以爲高使見善不明用心不剛儔克爾儔誰　咸曰明謂明悟剛謂剛正　祕曰休舒明而且剛故能爾儔誰也　光曰誰能如此捨利而取義也

或問仁義禮智信之用曰仁宅也祕曰可以安處義路也祕曰可以遵行禮服也祕曰可以飾身智燭也祕曰可以照物信符也仁如居宅可以安身義如道路可以安行禮如衣服可以表儀智如燈燭可以照察信如符契可以致誠　祕曰可以合契　光曰符契使人可憑以爲驗處宅由路正服明燭執符君子不動動斯得矣祕曰發而皆中道有

意哉祕曰謂志於道孟子曰夫有意而不至者有矣
未有無意而至者也祕曰惡乎自畫光曰按孟子無此語或問治
己曰治己以仲尼咸曰言當以仲尼之道治修其己或曰治己以
仲尼仲尼奚寡也咸曰言世無仲尼祕曰生民以來一人而已光曰若人人治己以仲
尼則仲尼宜多曰率馬以驥不亦可乎祕曰治己以道當以仲尼之道率馬
以材當以騏驥之材可也光曰高山仰止景行行止或曰田圃一作甫田者莠喬
喬思遠人者心切切雖有喬喬之莠其穀不可得雖懷切切之思遠人不可見言仲
尼之道深遠不可彊學咸曰喬喬當爲驕驕甫大也齊風甫田詩曰無田甫田維莠驕驕無思遠人勞心切切蓋大夫刺襄

公無德而求諸侯猶大田無人功終不能穫今揚子上言當率循有如仲尼之道者而取之或人未諭故引是詩言居今之世而求仲尼猶大田莨莠驕驕而盛欲遂其穫不可得矣故徒思遠人心切切者也遠人指仲尼也　祕曰圃讀如甫喬讀如驕或人以仲尼之道遠且大力不及也猶田大田而少功徒使莠驕驕而盛思遠人而不見徒使心忉忉而勞詩曰無田甫田維莠驕驕無思遠人勞心忉忉

曰日有光月有明　咸曰此言仲尼雖没而其道存焉猶日月雖遠而光明在焉　祕曰日月在天光明甚邇

三年不目日視必盲三年不目月精必矇　不見日月而盲矇以喻不學焉闇人　咸曰言仲尼道存則可學之否則狂愚矣日月光明則可視之否則盲矇矣夫日月幾三年則一差變故五年而再閏言三者舉成數也夫道不可須臾而離其身目不可造次而失其視以三年日月之變而心目不能易則道去矣視絶矣遂至焚枯萃滮冥行而已焉　祕曰三者胥

數之終數終而不覩仲尼之道猶盲矇矣熒魂曠枯糟莩曠沈莩熟也擿埴索塗冥行而已矣埴土也盲人以杖擿地而求道雖用白日無異夜行夜行之義面牆之諭也　宗元曰熒明也熒魂司目之用者也糟當爲精莩如葭莩之莩目精之表也言魂之熒明曠久則枯精之輕浮曠久則沈不目日月目之用廢矣以至於索塗冥行而已　祕曰熒光也熒魂神光精莩精之白也故本精作糟柳宗元云糟當爲精言盲矇之患神光久曠則枯日精久曠則沈於是以杖擿地而求路冥冥然行矣張晏云莩者葭之白皮埴地也　光曰人學於聖人然後能立猶目之資於日月然後能視也或修身而不由聖人則爲弃人矣視物而不見日月則爲弃目矣

或問何如斯謂之人曰取四重去四輕則可謂之人曰何謂四重曰重言重行重貌

重好言重則有法行重則有德貌重則有威好重則有觀可觀望也祕曰非禮不好必有可觀敢問四輕曰言輕則招憂咸曰犯人必衆故憂及矣行輕則招辜咸曰冒禁必多故罪至矣貌輕則招辱咸曰人必易之所辱亦多好輕則招淫咸曰嗜其邪也不亦淫乎禮多儀美其多威儀也或曰日昃不食肉肉必乾日昃不飲酒酒必酸賓主百拜而酒三行不已華乎曰實無華則野華無實則史史李作賈　咸曰論語云質勝文則野文勝質則史此義同之宜如史字音古非也　祕曰野謂朴野史謂文勝其質　光曰

李本史作賈音義曰賈人衒鬻過實今從宋吴本華實副則禮華實相副然後合禮文質彬彬然後君子山雌之肥其意得乎咸曰山雉之肥由其無憂適意之然君子之樂由其守道遇時之貴　光曰言山梁雌雉所以能微如是者以其飲啄遊處得意也喻君子之樂道亦然或曰回之簞瓢臞如之何咸曰臞瘠也此譏顏回之一簞一瓢巳甚瘠矣何自得之有　祕曰臞瘠也簞瓢之臞何以不改其樂曰明明在上百官牛羊亦山雌也闇闇在上簞瓢捽茹亦山雌也何其臞咸曰捽謂以手捽菹茹也　祕曰邦有道富且貴樂也邦無道貧且賤樂也顏何臞哉　光曰百官牛羊若堯之所以養舜也千鈞之輕烏獲力也簞瓢之樂顏氏德也千鈞之重

烏獲舉之而輕多力爾簞食瓢飲顏氏處之而樂德盛也祕曰烏獲秦之力士千鈞之輕簞瓢之樂他人之所不能

或問犂牛之鞹與玄騂之鞹有以異乎咸曰犂牛雜色之牛玄黑也騂赤也鞹皮赤猶色也或問犧牛有不純之色與赤黑之色皆牛也豈有異乎　祕曰犂雜色玄黝也騂赤也皮去毛曰鞹曰同咸曰言其爲牛一也故曰同　祕曰毛附則異然則何以不犂也咸曰言既爲牛之同而宗廟何取玄騂而不用犂也　祕曰祭祀之牲取黝騂而何不用犂也語曰犂牛之子騂且角雖欲勿用山川其捨諸　光曰或者言凡人顧其中心何如爾何必外貌之禮文曰將致孝乎鬼神不敢以其犂也宗廟貴純色君子貴純德　祕曰致孝于宗廟山川貴純色而不敢用犂也如刲羊刺豕罷賓犒師惡在犂不犂也刲羊

義見易　咸曰夫宴饗之牛羊不毛雖雜色可矣故犂與不犂皆用之　祕曰如爲賓客師旅之牲安問色之雜不雜也罷以禮罷之犒餉之鄉飲酒義曰朝不廢朝暮不廢夕鄭康成云旣朝乃飲先夕則罷　光曰罷勞也揚子以爲若欲爲君子則不可無禮文若欲爲衆人則何必禮文也

有德者好問聖人或曰魯人鮮德奚其好問仲尼也　言魯定哀公孟仲季孫皆問仲尼　祕曰若哀公問儒服儒行定公問君使臣臣事君之類

曰魯未能好問仲尼故也　咸曰夫有德者好問聖人則好行之今魯人雖問之而不能用　祕曰今魯不用其言非好而問之也

如其　李本無其字

好問仲尼則魯作東周矣　或謂咸曰自平王東遷周衰劇矣故仲尼降王黍離詩於國風明其不能復雅政而齊等於邦君也而揚子謂魯人好問仲尼則但能使魯作東周不亦異乎曰不然也孔子

云如有用我者吾其爲東周乎此言當興復西周之盛於東周之地也豈仲尼但能作平王之道哉今揚之意謂使魯能好問仲尼則魯亦可尊樹王室復興西周之盛於東周之地爾豈止使魯如平王之衰邪學者宜辨之　光曰興周道於東方也

或問人有倚孔子之牆絃鄭衛之聲誦韓莊之書則引諸門乎　祕曰韓非莊周本俱學於老子者也今人惟知韓非言法而不知其本韓書有解老喻老二篇故曰韓莊之書門謂孔子之門　曰在夷貉則引之　祕曰韓莊之書使人不知禮鄭衛之音使人不知樂禮樂之不存在蠻貉則引之也　倚門牆則麾之

莊周與韓非同貫不亦甚乎惑者甚衆敢問何謂也曰莊雖借諭以爲通妙而世多不解韓誠觸情以言治而險薄傷化然則周之益也其利迂緩非之損也其害交急仁賊失中兩不與爾亦不以齊其優劣比量多少也統斯以往何嫌乎哉又問曰自

此以下凡論諸子莫不連言乎莊生者何也荅曰妙指非見形而不及道者之言所能統故每遺其妙寄而去其麤迹一以貫之應近而已 咸曰靡去 光曰言夷貉之人生而未嘗見禮義猶愈於在門牆者也

惜乎衣未成而轉為裳也 衣上也裳下也聖典本也諸子末也轉上為下捨本逐末者是可惜 祕曰上衣下裳惜乎習聖道未成而轉為諸子也 光曰上曰衣下曰裳遊諸子之門者本欲學聖人之正道今乃絃鄭衛誦韓莊聖道未成而更於邪僻矣安用之

聖人耳不順乎非 惟正之聽 口不肆乎善 性與天道發言成章不肆習 祕曰無聽不是無言不善肆習也 言不俟習 賢者耳擇口擇 耳擇所聽口擇所言 祕曰可聽則聽可言則言 衆人無擇焉 觸情任意 或問衆人曰富貴生 苟貪富貴不義而生 祕曰志在苟求富貴貪生而已 賢者曰

義行義以達其道祕曰惟義所在義也者所以宜仁而適道者也聖人曰神神德行也咸曰天神應乎萬變聖人如之豈止一於德行而已祕曰神猶道也荀子曰道出乎一曷謂一執神而固曷謂神曰盡善挾治之謂神萬物莫足以傾之謂固神固之謂聖人觀乎賢人則見眾人光曰賢人能為人所不能必有以殊於眾觀乎聖人則見賢人光曰卓爾有立不可及觀乎天地則見聖人祕曰天地之道聖人管之聖人之道賢者宗之賢人之道眾人日用之光曰天地聖人之所取法天下有三好眾人好己從賢人好己正聖人好己師祕曰欲廣其道光曰己師為己之師也天下有三檢光曰檢猶限度也眾人用家檢家人自以為法光曰所安利者不出其家賢

人用國檢聖人用天下檢（光曰安利徧於天下）天下有三門由於情欲入自禽門（所謂觸情　祕曰不性其情　光曰如禽獸）由於禮義入自人門（人一作仁　祕曰禮者仁之所履義者仁之所宜）由於獨智入自聖門（祕曰上智也　光曰生而知之獨運明智極深研幾非常人所能逮）

或問士何如斯可以禔身（禔安　祕曰禔福也福者百順之名）曰其爲中也弘深（中者心志也弘深猶敦重也）其爲外也肅括則可以禔身矣（外者威儀也肅敬也括法也　祕曰心志廣深而儀形肅括斯士之福也括猶檢括也　光曰弘深不淺露肅括不放肆）

君子微愼厥德悔吝不至

何元憞之有微纖也悔吝小疵也元憞大惡也　祕曰悔吝生乎分元憞大惡也　光曰愼之於微則過惡不大也上士之耳訓乎德訓順下士之耳訓乎已苟欲令人順已　祕曰上士好德聞而誡之下士是已聞而誡之訓誡也言不慙行不恥者孔子憚焉言不違理故形不慙行不邪僻故心不恥言行能如此仲尼所敬憚難也　祕曰言焉而不慙於言行焉而不恥於行雖聖人猶畏憚之　光曰人之言行無可慙恥者是全德之人也故雖聖人猶敬憚焉

揚子法言卷第三

揚子法言卷第四

李軌柳宗元注　宋咸吳祕司馬光重添注

問道篇

夫道者弘乎至化通乎至理也　咸曰身乎克修道乃可議故次之修身

芒芒天道 洪荒混芒之初　天道一作大道　咸曰大道統言聖人之道芒芒者大之稱也注以混芒之初釋之可乎

昔在聖考 聖人作而萬物覩謂成宓羲肇畫八卦六位成章　咸曰昔在聖考者言此大道並古先聖人考制之猶周公作禮樂仲尼刪詩書之義故篇中皆統論堯舜文王仲尼之事復有非老莊之說注獨指伏羲畫卦以解之不亦繆乎

過則失中不及則不至 二五得中然後利見　咸曰言履聖人之道罕有得諸正者如門人之衆其殆庶幾者惟顏子而已今言失中不及者猶師也過商也不及之義爾故禮尊中

庸書貴皇極此之謂也注以二五解之甚非類矣彼二五者言一時居位安危之象此統講中庸之理相去異焉學者辨之祕曰大道芒芒然惟聖人考之遂明大中之制是以河出圖也大易明二五之中洛出書也洪範貴皇極之義舜得其兩端用其中於民回之爲人仁也擇乎中庸孔子曰道之不行也我知之矣知者過之愚者不及也

不可姦罔

咸曰中而正者非姦罔不及　光曰姦謂侵壞罔謂誣罔言聖人大中之道天下莫能易也

譔問道

祕曰世以虛無湛寂爲道之本而求乎洪荒夷曠之理不知天地聖人貴乎大中自然之道　光曰尊道德禮樂黜老莊申韓

或問道曰道也者通也無不通也

萬物由之以通　咸曰無不通者言道之施也無所不通注謂萬物由之以通與正文相反矣　祕曰道貫三才合仁與義而言之無不通也

或曰可以適它與

言道既可以通中國而適夷狄學亦可以統正典而兼諸子也　咸曰它猶邪

也曲也言既云聖人之道無不通亦可以通邪曲之方乎　祕曰它異端也曰適堯舜文王者爲正道非堯舜文王者爲它道君子正而不它或問道曰道若塗若川車航混混不捨晝夜車之由塗航之由川混混往來交通　咸曰上荅以正而不它或人以爲川塗之道皆曲而不正何車航之行晝夜不息言諸子雜說亦可適於正理也今下無荅文者蓋鄙其不諭教故不對之也法言諸如此類者數雖問荅皆出於子雲然其立事垂制理當爲之然也學者辨之注殊不明其旨何以哉或曰焉得直道而由諸塗川皆形曲也此亦因形以取譬　咸曰非也或人知揚罪以曲道而不荅故曰而復請之以爲安得直道而從之也　祕曰譬如塗川皆曲而車航不捨晝夜何所擇得直道而由乎曰塗雖曲而

通諸夏則由諸川雖曲而通諸海則由諸以喻經學通於聖道　祕曰塗雖曲而通夏川雖曲而通海由之可也猶諸子之異端若能自通於聖人之道亦可也故揚墨歸儒受之而已莊周申韓漸諸篇則顏閔其如台或曰事雖曲而通諸聖則由諸乎大解曲道歸正之義　咸曰上既止荅以川塗雖曲可通諸夏諸海而或人不諭復謂曲事可通聖道乎今下無荅文者亦鄙其問之失而不對之也夫聖人無不正也安有曲事而能通之哉注櫕其旨以謂大解曲道通歸正義深失之矣　祕曰或人諭其旨也事謂異端之事　光曰揚子設爲或人意寤以結上意爾道德仁義禮譬諸身乎不可聞之於一　祕曰合譬一身夫道以導之咸曰導達也有道則行斯達矣德以得之咸曰有德則動斯得矣仁以人之咸曰有仁則人必歸之　光曰仁者人道之常

義以宜之咸曰有義則事得其宜禮以體之咸曰有禮則時保其體天也五者人之天性　祕曰五者之備天命全也　光曰天性自然不可增損合則渾離則散光曰五者合而言之則渾而爲一隨事言之則散而爲五一人而兼統四體者其身全乎四體合則渾成人五美備則渾爲聖一人兼統者德備如身全　祕曰道統仁義禮德故謂之道人統四體故謂之人可合而不離其身乃全也韓吏部曰老子之所謂道德云者去仁與義言之也一人之私言也其不全哉　光曰闕一則不成人

或問德表祕曰問德之的然爲天下表者　光曰問有德之人在上其治化表見於外者何如

曰莫知作上作下作爲也莫知爲上之樂爲下之苦　咸曰非也作修也君聖而修之於上臣忠而修之於下故上下交修而民日用不知此所以爲德之標準也　祕曰德足乎己加乎民天下有道比屋可封豈有

的然作之於上作之於下而何知哉**請問禮莫知**言已有禮制則有尊卑咸曰言民日由禮而不知其制也　祕曰德既然矣請問禮　光曰或者以為治化既出於上豈得人莫之知**曰行禮於彼而民得於此奚其知**君自行禮於上而民承化於下咸曰民可使由之不可使知之威儀三千不可盡詳哉故禮不下庶人蓋上既行而下能效則民得之矣何制之知焉　祕曰禮亦然　光曰德者得也有德者行禮於上而民各得其所於下人自以為善豈知治化之所自邪**或曰孰若無禮而德**祕曰何如去禮而專任德　光曰或者以為曷若專修德安用繁文之禮**曰禮體也人而無禮焉以為德**禮如體無體何得為人無禮何能立德　祕曰譬人無體非人也何由為德　光曰言禮者德之體也**或問天曰吾於天與見無為之為**

矣咸曰謂不言而四時行萬物生祕曰天何爲哉雷動風散雨潤日烜山止澤說而萬物生焉或問彫刻衆形者匪天與祕曰莊子曰彫刻衆形而不爲巧曰以其不彫刻也如物刻而彫之焉得力而給諸咸曰言萬彙紛錯得之自然一一而刻之何力能給老子之言道德吾有取焉耳可以止奔競訓饕冒之人祕曰老子以道道其所道德其所德雖然猶未離道也故有取耳光曰虛靜謙柔及搥提仁義絶滅禮學吾無取焉耳老子之絶學蓋言至理之極以明無爲之本斯乃聖人所同子雲豈異哉夫能統遠旨然後可與論道悠悠之徒既非所逮方崇經世之訓是故無取焉耳無取焉何者不得已之爲教也祕曰聖人以仁義禮俱道也老子以仁義禮别爲一端以至崇道德薄仁義非

禮學故無取焉耳揚子言老子者皆據虛試二篇而言也嘗試論之家語稽孔子問禮於老聃是與聖人之道同也故曾子問有記孔子聞諸老聃是與聖人之道同也故曾子問有記孔子聞諸老聃藏羣廟之主取羣廟之主以從迎四廟之主出入必蹕之類老聃云又稱老聃曰諸侯朝天子見日而行逮日而舍奠大夫使見日而行逮日而舍之類皆曰吾聞諸老聃云此誠學禮之效也觀此二章老子深於禮者也與虛無二篇絕不相侔豈老子所爲哉今道家流有黃庭内景之類亦曰老氏之作也言貽食之術文辭淺近又與虛無二篇不侔矣豈非道家爲之名與昔崔浩嘗讀莊老之書不過數十行輒弃之曰此矯誣不近人情必非老子所作老聃習禮仲尼所師豈以設法之言以亂先王之教也　光曰搥擲也提亦擲也漢書云以博局提吳太子

吾焉開明哉 咸曰言搥仁義滅禮學則吾道瞽矣 惟聖人爲可以開明它則苓 焉安也開發也　咸曰苓當爲蒙字之誤也言開吾道之瞽以爲之明者惟聖

人爾它則愈蒙闇矣它指莊列之類　祕曰吾道可以開明哉惟聞聖人之言爲可開明若諸子它道無所聞焉苓苓耳也苓耳徒有其名而無聆聞之實郭璞云苓耳形似鼠耳叢生如盤　光曰開啓明白言通達可行大哉聖人言之至也開之廓然見四海日月齊明視其文者不下堂知四方　祕曰聖人言之極至吾道無所昏曀開之廓然見四海　光曰無所不通閉之閛然不覿牆之裏不闚聖奧諭無所見　祕曰自昔其道不見數仞之内　光曰閉門也光謂不學牆面閛一作闇聖人之言似於水火或問水火曰水測之而益深窮之而益遠火用之而彌明宿之而彌壯祕曰宿安也安而久之則彌壯左氏傳曰官宿其業　光曰宿蓄火也以諭藏之於身允治天下不

待禮文與五教則吾以黃帝堯舜爲疣贅允信　咸曰五禮五教始於黃帝而備於堯舜信治天下而捨是雖黃帝堯舜之聖亦外物爾疣贅體之外物者也　祕曰黃帝堯舜俱以禮文五常之教爲治若信治天下不俟禮教則黃帝堯舜其爲外物耶　光曰疣贅言宂長無用也

或曰太上無法而治法非所以爲治也　咸曰或以太古太古無法陶然自化疑今之制無益於道　祕曰伏羲以前無聞焉疑其無法制而自治

曰鴻荒之世聖人惡之　咸曰惡其與禽獸同　祕曰近禽獸而無別

是以法始乎伏犧而成乎堯　伏羲畫八卦以叙上下至於堯舜君臣大成也　祕曰伏犧大明天地之撰畢天下之能事而唐堯順考古道以天下讓是法制始於伏犧而成乎堯　光曰伏羲始畫八卦造書契至于唐堯而煥乎其有文章

匪伏匪堯禮義哨哨聖人不取也咸曰哨哨多言貌禮所謂猩猩鸚鵡能言夫義堯之上道若鳥獸徒然多言爾故聖人獨取義而下 祕曰哨哨不正貌由伏由堯者正道也非伏非堯者它道也禮曰枉矢哨壷

或問八荒之禮禮也樂也孰是祕曰八荒之禮曰蠻曰流禮樂孰是 光曰言八方之俗各有禮樂人人是其所習果誰爲是

曰勨之以中國勨正也中國之制五百里甸服五百里侯服五百里綏服五百里要服五百里荒服

或曰孰爲中國正直北辰爲天之齊今俱偏僻未知誰爲居中國

曰五政之所加七賦之所養中於天地者爲中國五政五常之政也七賦五穀桑麻也中於天地者土圭測景晷度均也 咸曰古者言天體者有三其一曰周髀言天地各中高外下北極之下爲天地之中今上

注引是義此注引土圭測景夫土圭者周公之法也宜爲是祕曰五常之政之所加五穀桑麻之政之所養以土圭之法測土深正日景以求天地之中則爲中國矣過此以往者一本無者字人也哉譬八荒之於中國如彼諸子之爲聖人如是咸曰正文但論華夷之禮樂爾注引諸子非其旨焉祕曰八荒之外聖王以禽獸畜之光曰言夷狄無異禽獸其所謂禮樂者安足取哉聖人之治天下也礙諸以禮樂礙限也祕曰礙止也止以爲準無則禽異則貉咸曰左衽兜離與諸夏殊祕曰無禮樂則禽異禮樂則貉吾見諸子之小禮樂也不見聖人之小禮樂也孰有書不由筆言不由舌吾見天常祕曰五常爲帝王之筆舌也天常五常也帝王之所制

奉也譬諸書言之於筆舌爲人之由禮樂也　祕曰帝王之道著于五常猶書言之意著于筆舌　光曰天常即禮樂也言治天下而不用禮樂猶無筆而書無舌而言也

智也者知也夫智用不用益不益則不贅虧矣

咸曰用謂任用之益謂尊益之夫智者無不知也用之益之則惟變所適出奇無窮故姜牙興於周而退於齊少伯霸於越而歸於陶皆有餘者也何虧之云哉弗用弗益之則囊括而祕退藏於密故顏守一瓢而道彌光孟著七篇而名愈彰皆有餘者也何虧之云哉所以用與不用益與不益不能虧其一贅多也　祕曰智者見用不見用受益不受益於智無一贅之虧矣　光曰不贅虧不蓋衍字有餘曰贅不足曰虧言天地之理人物之性皆生於自然不可彊變智者能知其可以然則因而導之耳苟或恃其智巧欲用所不可用益所不可益譬如人之形體益之則贅損之則虧矣孟子曰所爲惡夫用智者爲其鑿也

深知器械舟車宮室之

爲則禮由己祕曰深知制度之所爲則禮無不在己子曰制度在禮文爲在禮行之其在人乎　光曰器械舟車宫室皆聖人因物之性制而用之推而行之苟或識聖人之心則禮雖先王未之有可以義起也故曰由己或

問大聲光曰問聲孰爲大曰非雷非霆隱隱耾耾久而愈盈尸諸聖尸主也雷霆之聲聞當時聖人之言傳無窮　光曰耾大聲也耾一作谹或

問道有因無因乎光曰黃老之道貴因循曰可則因否則革革之與因雖異隨變而通理也故先王之事世相反而其道一也　祕曰隨時制宜　光曰前人所爲是則因之否則變之無常道太玄曰夫道有因有循有革有化因而循之與道神之革而化之與時宜之故因而能革天道乃得革而能因天道乃馴夫物不因不生不革不成故知因而不知革物失其則知革而不知因物失其均革之匪時物失其基因之匪理物喪其

紀因革乎因革國家之矩范也矩范之動成敗之效也或問無爲曰奚爲哉應化而巳　光曰所以有爲者救時之失耳時不失道又何爲哉在昔虞夏襲堯之爵行堯之道法度彰禮樂著垂拱而視天下民一作天民之阜也咸曰阜盛也富也無爲矣祕曰阜厚也垂衣拱手視天民之厚盛何爲哉紹桀之後纂紂之餘法度廢禮樂虧安坐而視天下民之死無爲乎紹桀者成湯也纂紂者周武也當此之時湯武不可得安坐視天下民之死而欲無爲也所謂可則因否則革矣應變順時故迹不同致理而言皆非爲也　祕曰湯武革命應天順人自然有爲之時或曰太古塗民耳目惟其見也聞

也見則難蔽聞則難塞人以爲太古不如絶禮樂以塗塞人之耳目令不見不聞使之純一　祕曰太古未作禮樂是塗塞人之耳目使其純愚　光曰老子曰古之治者非以明民將以愚之故欲搥提仁義絶滅禮學曰天之肈降生民使其目見耳聞是以視之禮聽之樂因其耳目而節之　祕曰天之始生人即使其目能視耳能聞是以聖人配地作禮以養其視應天作樂以養其聽如視不禮聽不樂雖有民焉得而塗諸咸曰言使民視聽皆由禮樂則安用塗之如其視邪聽淫雖欲塗之末由也巳　祕曰視聽無禮樂則大亂雖有民焉得而塞之　光曰聖人所以能使其民者以有禮樂也若皆去之則民將散亂而不可制雖欲取其耳目而塗之安可得哉或問新敝祕曰問政教之隆殺如衣之新敝曰新則

襲之敝則損益之值其日新則襲而因之值其敝亂則損益隨時　咸曰新猶初革命之始也敝猶久守成之際也夫革命之始制度未立姑仍舊貫故曰襲之守成之際觀可以變故曰損益之孔子曰殷因於夏禮所損益可知也周因於殷禮所損益可知也此之謂矣　祕曰政教之隆則因而襲之敝則革而損益之或問太古德懷不禮懷祕曰道家尚德而薄禮故言太古之人未有禮惟懷德爾嬰兒慕駒犢從焉以禮咸曰焉安也言太古之民歸於上也猶嬰兒之慕母駒犢之從乳安用禮　祕曰三者俱懷母之德也曰嬰犢乎歎無禮也　咸曰言今若亡禮人皆嬰犢矣可乎　祕曰人殊禽獸豈皆嬰犢乎嬰犢母懷不父懷咸曰禽獸知有母而不知有父　祕曰嬰之未有知犢之畜類乃母懷而已母懷愛也父懷敬也獨母而

不父未若父母之懿也兼乎愛敬而後盡其美善咸曰言今或去禮則人獨知母而不知父皆如駒犢矣故兼知父母禮可備也　祕曰懷父母乃愛敬之道豈直以德而不以禮是與其嬰犢之懷曷若夫人父母之懷之美也懿美也

狙詐之家咸曰狙猿也宋有狙公者愛狙養之成羣有朝三暮四朝四暮三之言以欺籠之故莊子曰聖人以智籠羣愚亦猶狙公以智籠衆狙也狙詐之家猶言巧詐之家揚子惡世尚詐欲排斥之故爲之言　祕曰狙詐兵法權謀家流也狙善詐故以爲名猶狐疑猶豫之類

曰狙詐之計不戰而屈人兵堯舜也咸曰言我用巧詐之計可以不戰而使兵屈敗雖堯舜亦然矜之之辭也　光曰言狙詐之術雖不用仁義亦不能不戰而服人與堯舜之道何異

曰不戰而屈人兵堯舜也霑項漸襟堯舜乎咸曰言屈人之兵則或血霑染

其項漸漬其襟此豈堯舜之爲乎　祕曰權謀之家不戰而屈人兵謂之堯舜至于汗血之霑項漸襟亦可謂堯舜乎漸漬也

衒玉而賈石者其狙詐乎咸曰衒言其玉而賈售以石此巧詐之爲也可乎　祕曰衒堯舜而賈以詐者也或問狙詐與亡孰愈亡無　咸曰言有詐與無詐誰優愈猶優也　光曰言不用狙詐則亡國如陳餘曰亡愈祕曰無愈於有　光曰言與其用狙詐不若亡國猶勝也深疾狙詐之辭或曰子將六師則誰使咸曰子指揚子也言無詐爲愈則子將六軍無狙詐之人將使誰也以軍師必尚奇勝　祕曰或者疑其無權謀則武備闕曰御得其道則天下狙詐咸作使咸曰得其道猶言全七德合軍志之類　光曰若漢高祖用韓信彭越陳平之徒御失其道則天下狙詐咸作敵

失其御則反閒背叛　光曰若曹操爲治世之能臣亂世之姦雄故有天下者審其御而已矣咸曰修德任賢則舞干兩階而三苗格故仁者無敵於天下何狙詐之有　祕曰駕御權謀亦須有道　光曰當以識度恩威爲本

或問威震諸侯須於征與狙詐之力也如其亡咸曰言將征伐諸侯以爲威必資狙詐其可亡乎　光曰言立威必須征伐征伐必須狙詐柰何云寧亡國而不爲狙詐乎

曰威震諸侯須於狙詐可也未足多也祕曰如五霸未若威震諸侯而不須狙詐也咸曰當以德威之　祕曰若三王

或曰無狙詐將何以征乎咸曰言征伐必須此乃可　祕曰若三王者亦皆有征伐

曰縱不得不征不有司馬

法乎何必狙詐乎咸曰言不得已須征之自有周禮司馬之法何必詐哉　祕曰周官司馬以九伐之法正邦國若不得不征當用是法何必狙詐哉　光曰司馬法齊人所述古兵法近正道者申韓之術不仁之至矣祕曰申不害韓非之術不先教化專任刑法至於殘害至親傷恩薄厚不仁之至若何牛羊之用人也峻刑戰之術制民如牛羊臨之以刀俎故曰不仁之至也　祕曰不教而殺視人如牛羊若牛羊用人則狐貍螻螾不膢臘也與膢八月旦也今河東俗奉以爲大節祭祀先人也臘蜡也見禮記　咸曰臘獵也冬則獵取百獸故狐貍至是死矣螻天螻也螾應劭云蚯蚓也呂氏春秋曰南呂之月蟄蟲入穴故螻螾至是絕矣夫以申韓刑名如牛羊之用人則人之生也何可久乎其趨死猶狐貍螻螾不過乎膢臘之候矣或曰刀不利筆不銛而

獨加諸砥咸曰砥磨石也精曰砥麤曰礪不亦可乎刀鈍礪之以砥筆禿銛削以刀申韓行法以救亂如刀砥亦所以利也祕曰民不遵禮教而加之刑名不亦可乎砥所以砥礪鋒者也筆之有鋒故喻云光曰古以木爲筆或者亦可砥乎曰人砥則秦尚矣嚴刑裁民亦猶刀之割肉以人爲砥酷之甚也秦之嚴刑難復尚矣祕曰秦尚刑法而加諸人光曰言用法以礪人如用砥以礪刀則莫若秦秦爲尚矣其如不仁何或曰刑名非道邪何自然也咸曰言若以刑名爲不道則其令民也亦何化之自然祕曰刑名非正道邪何舉世自然有之不可推也光曰若以刑名爲非道則何以能禁民使自然而止曰何必刑名圍棊擊劍反目眩形亦皆自然也一本作反自眩刑咸曰言雖鄙技皆可自然而非正道之爲君子恥之光曰若自然者皆謂之道則

圍棊欲以智巧惑人有時而自惑擊劒欲以害人有
時而自害刑名欲以制人有時而自制是亦自然也　由其大
者作正道由其小者作姦道　大者聖人之言小者諸子之言　咸曰非
也言刑名猶圍棊擊劒雖亦自然然非正道之法故此文以王
道示之大者大道也謂仁德之化小者小道也謂刑名之姦注
乃別爲一段以聖人諸子釋之非矣　祕曰大者禮樂也小者
刑名也夫刑者所以助治者也禮之所去刑之所取未有捨禮
樂而專刑名臻乎至治者也　光曰禮樂可以安固萬世所用
者大刑名可以輸劫一時所用者小其自然之道則同其爲姦
正則異矣　或曰申韓之法非法與　光曰以上言太上無法而治揚子以爲不可
曰法者謂唐虞成周之法也　咸曰唐虞成周之道德仁義詩書禮樂爲
之法　如申韓如申韓　咸曰再言者疾之甚也　祕曰法者謂唐虞成周仁義禮樂之法豈如

中韓之法光曰如申韓者何足爲法莊周申韓不乖寡聖人而漸諸篇則顏氏之子閔氏之孫其如台言此數子之才苟不乖少聖人之術漸染其心於篇籍之中以訓學徒則顏閔不能勝之咸曰台我也

或曰莊周有取乎曰少欲有簡貴之益焉咸曰言莊周當戰國之間獨能不應楚威王之命而終身不仕故有寡欲之心此可取耳祕曰周之書十餘萬言其要本歸於老子之言而老子以無欲觀妙爲理至周不顧厚幣之迎是少欲可取耳

鄒衍有取乎曰自持有凝峙之風焉咸曰言鄒衍之術觀陰陽消息而作怪迂之言然其本以有國者淫侈不能尚德如大雅整之於身以施及黎庶故有自持之意此可取耳祕曰衍之書十餘萬言然要其歸必止乎仁義節儉禮與其奢也寧儉是能以節儉自持可取耳

至周罔君臣之

義衍無知於天地之間雖隣不覿也罔無祕曰罔無也夫君臣上下父子兄弟非禮不定而周本乎老子滅絕禮學之意而曰情性不離安用禮樂以天地爲一指萬物爲一馬是無君臣之義也衍謂中國者於天下乃八十一分居其一分作恠迂之變是無知於天地之間也雖與親隣亦不欲見之矣光曰罔誣也

揚子法言卷第四

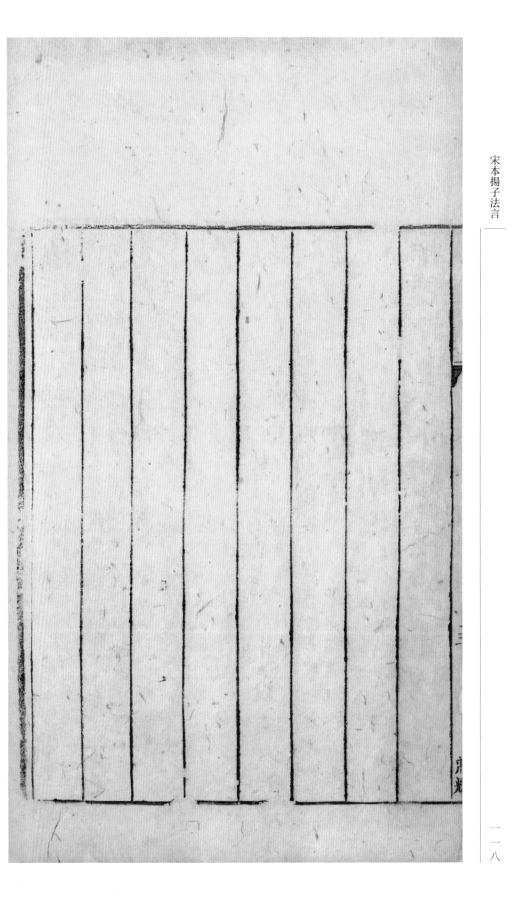

揚子法言卷第五

李軌柳宗元注宋咸吳祕司馬光重添注

問神篇

測于天地之情者潛之乎心也心能測乎天地之情則入乎神矣　咸曰既哲乎道可窮之神故次之問道

神心惚恍經緯萬方光曰惚恍無形方道也事繫諸道德仁義禮祕曰神也心也惚恍乎無端以經緯於萬方而竝有歸趣事繫乎聖人之道聖人之道兼德仁義禮而言之也　光曰君子之心主此五者

譔問神祕曰天有至神爲造化之主聖人之神爲道之宗其神一也

或問神曰心咸曰神謂精義知幾之神言存乎心而已祕曰神者不疾而速不行而至心主於神

光曰物之神者莫若心請聞之咸曰未諭心之義故請之一作請問之曰潛天而天光曰潛深也潛心於天而知天潛地而地惟其所潛　咸曰心潛於天則知天心潛於地則知地光曰潛心於地而知地天地神明而不測者也心之潛也猶將測之況於人乎況於事倫乎咸曰言世所難窮測者惟天地之道神明之義耳然一潛其心可盡見之況人道之近事理之淺安能藏哉倫理也敢問潛心于聖咸曰問可以潛心于聖人之道曰昔仲尼潛心於文王矣達之達通也　咸曰文王演易仲尼盡得其道而讃之又曰文王既没文不在兹乎是達也　祕曰文王作易繇辭以盡天人之幾孔子五十以學易而作十翼無不通也達通也顏淵亦潛心於仲尼

矣未達一間耳其殆庶幾咸曰孟子謂顏淵具聖人之體而微此稱未達一間間際也言去

聖人不遠惟一際之地耳今諸本皆作一閒非也孟子曰賢不

肖其閒不能以寸謂其際相去不能及寸言近之也易繫辭仲

尼舉顏子其殆庶幾以明易義今注以庶幾爲顏子近聖人之

意非謂矣　祕曰顏子具體庶幾所未通者一閒耳子貢曰夫

子之言性與天道不可得而聞也神在所潛而已矣神道不遠潛心則是　祕曰潛

則遠至天神天明照知四方天以神明光燭幽冥照耀四方人以潛心鉤深致遠探賾

索隱　祕曰至神運日月天精天粹萬物作類天以精粹覆萬物各成其類人以潛

心考校同異搜暢精義　祕曰天之精粹流形萬物而各從其類易曰剛健中正純粹精也　光曰人亦以神明精粹經緯萬

方人心其神矣乎操則存舍則亡人心如神變化無方操而

持之則義存舍而廢之則道亡操而不舍則道義光大**能常**祕曰在天地爲神在人爲心潛與不潛操舍而巳

操而存者其惟聖人乎光曰聖人操心有常不離於道**聖人存神索至**存其精神探幽索至也所以存神道無不至　祕曰聖人如天常存其神　光曰至者事之極致**成天下之大順致天下之大利**順事而無逆利物而無害**和同天人之際使之無間也**至化混然歸於一也　祕曰惟神也成天下之大順致天下之大利和同天人而無間然也　光曰大順謂上下各安其分大利謂萬物各得其所天者不爲而自成人者爲之然後成和同其際使之無間隙皆聖人神心之所爲也**龍蟠于泥蚖其肆矣**惟聖知聖惟龍知龍愚不知聖蚖不知龍聖道未彰羣愚玩矣龍蟠未升蚖其肆矣　咸曰蚖蜥蜴也似龍而無角如蛇而有足一

云毒蛇也肆區也言龍未飛天則與蚖同區也　祕曰與蚖蛇同肆　光曰肆者肆志以凌之也或曰肆當作肄肄習也曰習見而狎玩之也

蚖哉蚖哉惡覩龍之志也與歎之甚也　祕曰聖人在蒙與衆人同列衆人豈知聖人之志與　光曰君子之志高深遠大小人固不得而知也

或曰龍必欲飛天乎咸曰疑其長爲蚖同肆不能飛天　光曰言君子必欲居大位乎

曰時飛則飛時潛則潛時可而升未可而潛既飛且潛義兼出處食其不妄形其不可得而制也與飲食則不妄有形而不可制也　咸曰言龍之且潛雖飲食之間不敢忘於形思所以飛于天也聖人尚蒙雖飲食之間不敢忘於形思所以行其道也故暫爲蚖所肆愚所悔然猶不能制之矣　祕曰既飛且潛惟時所適雖食之間不忘隱見之形安得而制哉言聖人亦然　光曰音義曰非義不妄

食故不可得而制妄一作忘曰聖人不制則何爲乎羑里祕曰文王聖人也何以制乎羑里紂囚文王於羑里曰龍以不制爲龍聖人以不手爲聖人手者桎梏之屬　咸曰手當爲干字之誤也言龍雖爲蚖同肆然終不制於泥故能謂之龍聖人雖爲紂所囚然終不干其刑故能謂之聖人今注文稱手者桎梏之屬意謂文王雖囚而不被於桎梏也按賈誼新書云紂作梏數千睨諸侯之不諂已者杖而梏之文王桎梏囚于羑里七年而後得免是文王常被其桎梏矣安可謂之不手哉　祕曰手持也執也文王事不道之紂雖以非禮見囚終不能執而戮之所以爲聖人也公羊傳曰手劒而叱之　光曰音義曰不手不制於人之手光謂手謂爲人所提攜指使枉已之道而隨人左右也或曰經可損益與曰易始八卦而文王六十四其益可

知也祕曰伏羲始畫八卦因而重之六十四卦備矣黄帝正名百物而名顯文王繇辭而義彰可謂益矣今云文王六十四據司馬遷而言也詩書禮春秋或因或作而成於仲尼乎其益可知也或因者引而伸之或作者又如春秋祕曰因舊文作序例删定筆削皆成於仲尼故夫道非天然應時而造者損益可知也咸曰天然者聖人也言仲尼之後或道非聖人而有應時造書以救世而明治道者其益亦可知也如孔伋孟軻之流祕曰故道非若易象之天然雖損益不可增減於乾坤六子也應時而造若三代之禮樂著損益可知也光曰天然謂道德仁義應時而造謂禮樂刑政也或曰易損其一也雖惷知闕焉咸曰易損其一者謂大衍之數虚其一此雖惷愚之人皆知闕之也至書之不備過

半矣而習者不知本百篇今有五十九故曰過半祕曰言易之六十四若損其一雖愚人可以知其闕者至書百篇漢存者二十九篇得古文又多十六篇其亡過半而習者莫知其義　光曰漢世儒者不知書本有百篇故孔臧與從弟安國書曰今學者唯聞尚書二十八篇取象二十八宿謂至然也

惜乎書序之不如易也歎恨書序雖存獨不如易之可推尋　咸曰易之虛一者非損失之蓋蓍法然也書失過半者經秦火遺墜之也或人不知其義以爲易損一而尚可推書失多而不能知故揚子荅之以下文　祕曰孔子序書存百篇之義而其篇亡不可復知序易存六十四之次設或亡一即可推而知之是序書不如序易　光曰序謂篇之次序

曰彼數也可數焉故也咸曰言彼損一者蓋蓍數之法可揲數而用故也　光曰八卦重之成六十四自然之數

如書序雖孔子亦末如之何

矣數存則雖愚有所不失數亡則雖聖有所不得　咸曰如書者實失墜之與易不同雖孔子無如之何言不敢虛詐而補之　祕曰彼易卦皆有數亦可以策數而知焉故也如書序之存而篇亡皆當時訓誥之事不可以虛構故孔子亦末如之何也

昔之說書者序以百敘以百篇而酒誥之篇俄空焉今亡夫秦焚書漢興采集之酒誥又亡一簡中者先師猶俄而空之今漸亡　祕曰秦皇燔書漢興劉向以中古文校歐陽大小夏侯三家經文酒誥脫簡一空而亡之也據酒誥今無亡脫蓋古文獨存　光曰音義曰空缺也

虞夏之書渾渾爾深大　咸曰渾渾猶淳淳也言虞夏尚有唐風去道未遠淳淳然　祕曰渾渾猶言混混也謂其淳雅也

商書灝灝爾夷曠　咸曰灝灝猶漫漫也言忠質之化制尚跡闊漫漫然　祕曰灝灝猶言浩浩也謂其遠大也

周書噩噩爾不阿附也　咸曰噩噩猶察察也言

尚文而相檢以禮樂察察然秘曰噩噩猶言諤諤也謂其明正也下周者其書譙乎下周者秦言酷烈也譙一作誰秘曰秦書誰乎不合訓典光曰渾渾樸略難知之貌灝灝富大之貌噩噩明直之貌其書誰乎言不足以爲書也或問聖人之經不可使易知與嫌五經之難解也秘曰五經文而奥曰不可天俄而可度則其覆物也淺矣地俄而可測則其載物也薄矣秘曰俄猶俄頃大哉天地之爲萬物郭五經之爲衆說郛莫有不存其內而能出乎其外者秘曰不能出其域或問聖人之作事不能昭若日月乎何後世之訔訔也一本訔作誾咸曰

誾誾當作狺傳之誤也誾誾中正也狺狺大聲也言聖人由爲後世非其道者之所吠也若謂誾誾中正之義則理不通焉　祕曰聖人之作事豈不能使明白如日月乎何使後世之學者徒誾誾貌悅之而不能達其心也誾誾和也和悅之貌　光曰訔訔爭辯之貌謂學者爭論是非

曰瞽曠能默瞽曠不能齊不齊之耳狄牙能喊狄牙不能齊不齊之口

咸曰曠師曠默默審於樂喊啞物聲也　祕曰喊聲也瞽曠之和雅能使默而識之者必有瞽曠之耳不能齊聽者不齊之耳狄牙之甘美能使喊而稱之者必待狄牙之口不能齊食者不齊之口猶聖人立言能使服而行者必須賢哲之人不能齊學者不齊之心也瞽曠師曠也知樂者也晉杜蒯云曠也大師也狄牙易牙也知味者也大戴禮曰失管仲任豎刁狄牙韓非子曰易牙爲君主味　光曰狄儀狄造酒者牙易牙瞽曠能審正聲而人之耳清濁高下各有所好瞽曠不能齊也狄牙能嘗和味而人之口酸

辛鹹苦各有所好狄牙不能齊也聖人能行正道而愚闇邪僻之人相與非之聖人不能止也君子之言幽必有驗乎明咸曰猶易極之精義而見于行事祕曰猶言百神受職驗在禮樂遠必有驗乎近咸曰猶大雅之德及黎庶而本之於己祕曰猶言百世可知驗在損益大必有驗乎小咸曰猶二南獲瑞而由之家室祕曰猶言天地之動驗在璿璣微必有驗乎著咸曰猶春秋之推至隱而顯成法祕曰猶言履霜堅冰至而驗在弒父無驗而言之謂妄君子妄乎不妄言必有中光曰言雖幽深遠大而不可考驗於今者所謂無稽之言也言不能達其心書不能達其言難矣哉祕曰難乎爲君子光曰難以明道惟聖人得言之解

得書之體祕曰發言成教肆筆成典白日以照之江河以滌之灝灝乎其莫之禦也咸曰有所發明如白日所照有所蕩除如江河所滌灝灝洪盛無能當之者　祕曰照之如白日滌之如江河浩浩洪流誰能禦之面相之辭相適咸曰面相猶面對適往也言面對之時以辭相反也　光曰之亦適也捈中心之所欲咸曰捈引也通諸人嚧嚧者莫如言嚧嚧猶憤憤也　嚧一作嚧祕曰嚧嚧猶聲聞也通衆人善惡之聲光曰嚧呌呼也彌綸天下之事記久明遠著古昔之昬昬傳千里之忞忞者莫如書昬昬目所不見忞忞心所不了　咸曰書謂書畫之書昬昬猶喋喋忞忞猶勉勉言書畫者所以著古人喋喋之言傳千里勉勉之懷也　祕曰昬

㖧不可知也忞忞自彊勉也古昔難知之迹書以著焉所以記久也千里自勉之行書以傳焉所以明道也自勉者君子勉爲君子小人勉爲小人也故言心聲也書心畫也聲發成言畫紙成書書有文質言有史野二者之來皆由於心祕曰心有之言焉書焉是以似之光曰畫猶圖畫聲畫形君子小人見矣察言觀書斷可識矣聲畫者君子小人之所以動情乎咸曰君子所動情者道小人所動情者利各見其言書矣祕曰情動於中而形于聲畫聖人之辭渾渾若川渾渾洪流也祕曰渾渾若大川之流順則便逆則否者其惟川乎祕曰聖人之教順則安逆則危光曰順之則便易逆之則不行或曰仲尼聖者與何不能居世也曾

范蔡之不若咸曰言不能曲傳以圖用如范叔蔡澤之爲　祕曰范雎魏人也說秦昭王而爲相蔡澤燕人也說范雎而代雎爲相言孔子不如光曰不如范雎蔡澤能偶合世俗以求富貴曰聖人者范蔡乎咸曰言聖人肯爲范蔡之術乎若范蔡其如聖何咸曰范叔魏人十王稽得事秦爲相號應侯蔡澤燕人說應侯卒代其位爲綱成君二子皆以詭術居位其如聖人之道何　光曰仲尼若爲范蔡之行則亦爲小人安得爲聖

或曰淮南太史公者其多知與曷其雜也祕曰淮南王安著書二十餘萬言太史公司馬談遷之父也著書五十餘萬言其多知哉何其不純而雜也雜謂安作內書外書又作中篇言神仙黃白之術遷序九流百家雜語曰雜乎雜歎不純也　祕曰推其不純所以爲雜　光曰言二書誠雜也人病以多知爲雜惟聖

人爲不雜祕曰聖人雖多知皆歸于正書不經非書也言不經非言也言書不經多多贅矣動而愈僞咸曰贅疾乃身之蠹者也夫書畫與言不由乎經典爲道之蠹亦多多矣光曰言書不合於經知之愈多則愈爲害而無用若身之有贅然贅附肉也

或曰述而不作玄何以作咸曰揚子著太玄經所謂玄者一也天地陰陽參比一生三取其三數故有三方三生九故有九州九生二十七故有二十七部二十七生八十一故有八十一家遂爲八十一首故有二百四十三表七百二十九贊每二贊一日七百一十九贊而當周天之度一歲之紀節候鐘律星斗五行咸著焉今或人以爲孔子述而不作疑太玄不當作故問之祕曰孔子述而不作太玄何爲作曰其事則述其書則作言昔老彭好述古事孔子比之但述而不作今太玄非古事乃自成一家之書

故作之也或曰孔子述事者有矣然何嘗作書乎　咸曰當孔子之世周室下衰詩書淆亂禮樂崩壞先王之制無一而正者故孔子區區於道以述古事刪詩書定禮樂約史記而修春秋復與諸侯門人更議典制然後各得其所故明道立教盡在是矣何煩更作書哉故所以述而不作者蓋此也非不當作之也當子雲之時則不然六經皆更聖人之所定漢興巳久稍爲諸儒討正故無古事可述而屈身莽朝自非作書著成一家則何以明其道哉　祕曰以爲經莫大於易故作太玄自子辰申子冠之以甲分二十七章爲一會八十一章爲一統從子至辰自辰至申自申至子凡四千六百一十七歲爲一元與泰初歷相應亦有顓頊歷焉此其事則述也作二百四十三表七百二十九贊十一篇此其書則作也　光曰仁義先王之事也方州部家揚子所作也言揚子雖作太玄之書其所述者亦先聖人之道耳

育而不苗者吾家之童烏乎　童烏子雲之子也仲尼悼顔淵苗而不秀子雲傷童烏育而不苗

九齡而與

我玄文顔淵弱冠而與仲尼言易童烏九齡而與揚子論玄　光曰與知之或曰玄何爲祕曰旨何歸　光曰言爲何事而作曰爲仁義咸曰言玄者爲仁義而作曰孰不爲仁孰不爲義祕曰賢者立言誰不爲仁義何必玄曰勿雜也而已矣純則巧僞息雜則姦邪興　咸曰言如三鄒田尸吁劇申韓之徒雜以巫祝禨祥刑名浮虛而亂俗今太玄獨專於仁義也或曰太玄之專仁義也安在或曰夫玄之道雖以陰陽節候星斗五行之用然其旨應休咎之占星陽而時數辭從則爲休也星陰而時數辭違則爲咎也使人知吉凶之來善惡之修豈非仁乎夫義者宜也復使窮渾天之法知人事之紀通變化之本豈非義乎　祕曰引之以天數播之以人事終歸仁義不雜而已矣易曰立人之道曰仁與義今玄准之故曰爲仁義夫人道則然且天一至地十易道也三摹九據玄道也玄之准易不亦非乎曰玄之准易非准易之道准易爲書也易准天地自天一至

地十天地之道備矣玄何爲哉易之書准天地玄之書准歷數所以爲准易也歷數者天之道也自一至九陽數之極也若類之於易則非矣　光曰則象天地以爲人紀異術無從而入　或問經之艱易曰存亡或人不諭曰其人存則易咸曰請益可了故易　祕曰若孔子在三千之徒並受其義亡則艱咸曰師益各異故艱　祕曰若七十子喪而大義乖　光曰人當作文字之誤也秦火之餘六經殘缺雖聖賢治之亦未易悉通延陵季子之於樂也其庶矣乎祕曰春秋襄二十九年吳公子札來聘請觀周樂　光曰聞其聲詩知其國之興衰庶幾可謂知樂矣如樂弛雖札末如之何矣光曰末無也若其聲詩皆已廢亡雖札亦不能知也如周之禮樂庶事之備也每可以

爲不難矣秘曰魯得用天子禮樂盡在魯　光曰監於二代曲爲之制事爲之防學者習之固無難矣如秦之禮樂庶事之不備也每可以爲難矣秘曰秦燔滅文章以愚黔首禮樂弛廢雖季子何由知之　光曰秦訕笑三代之禮樂屏而去之自爲苟簡之制後之學者求先王之禮樂於散亡之餘誠亦難矣衣而不裳未知其可也有上無下猶有君而無臣　秘曰君在位而無輔　光曰秦收諸侯之禮籍獨取其尊君抑臣者存之是衣而不裳也裳而不衣未知其可也秘曰權在臣下不知有君衣裳其順矣乎三桓專魯陳常滅齊王莽簒漢三姦之興皆是物也　秘曰上衣下裳大順之道　光曰先王之禮其於君臣之際雖不失尊嚴而和樂存焉或問文曰訓訓順也　咸曰言如五經可垂訓者問武

曰克克能咸曰言克定禍亂者光曰克勝也未達不諭曰事得其序
之謂訓順其理也祕曰五常得其倫萬物得其序文之訓也光曰經緯天地綱紀四方勝己
之私之謂克惟公亮也祕曰弔民伐罪與天下公共武之克也光曰勝人易勝己難勝己之
私以從於道則人無不勝矣爲之而行動之而光者其德乎
咸曰所爲無敢禦者故曰行所動無敢辱者故曰光或曰知德者鮮何其光
祕曰知德者蓋寡安得有光曰我知爲之不我知亦爲之厥
光大矣所謂大人用之不爲善惡改常日月用之不爲賢愚易光咸曰所以顏淵不改其樂也祕曰爲
而不息其光愈大必我知而爲之光亦小矣咸曰君子之不欺闇室而

愼其獨何必知之　或曰君子病沒世而無名盍勢諸名卿可幾也　盍何不也勢親也名卿親執政者也言何不與之合勢以近名也此義猶王孫賈勸仲尼媚於竈也　祕曰幾近也言何不附勢於有名之卿可以近名也　光曰幾冀也　曰君子德名爲幾　祕曰以德近名　光曰君子所冀者德成而名顯耳　梁齊趙楚之君非不富且貴也惡乎成名　四國漢時諸侯王　祕曰梁孝王武齊懷王閎趙敬肅王彭祖楚孝王囂非不富且貴也咸不修德而何有成名　光曰言四王者非無勢也死之日民無德而稱焉　谷口鄭子眞不屈其志而耕乎巖石之下名震于京師豈其卿豈其卿　審乎自得而已矣慨夫逐物以喪眞而不能求己以絕僞　祕

曰子眞隱居以德有名豈其附勢於名卿哉河平二年王鳳聘鄭子眞嚴君平皆不屈雲陽宮記漢鄭朴字子眞

或問人曰艱知也艱難也人之難知久矣堯舜之聖而難任人莊周亦曰厚貌深情　艱一作難

曰焉難未諭其難所以又問

曰太山之與螘垤江河之與行潦非難也形彰於外視之易見　光曰垤蟻壤也言才德之大小著明者易知

大聖之與大佞難也物形外顯人神內藏外顯易察內藏難明　咸曰夫大聖之道廣若天地世莫詳辨故周公未免於流言仲尼猶號於東家者也夫人佞之巧變若影響人罕察識故胡亥也終昧趙高之姦德宗也不悟盧杞之邪人主宜愼之　祕曰若周公忠勤而被流言王莽折節以鼓虛譽

烏呼能別似者爲無難別似一作參以似　咸曰夫似者道小機淺故易知　祕曰烏呼人之難知也若能參之以其似者則無難矣若周

公伊尹之聖也豈爲不利哉王莽寒浞之僞也豈能歸政哉故曰無難孟子曰伊尹聖人之任者也　光曰見玉參以珉見珉參以玉則眞僞易知矣

或問鄒莊有取乎曰德則取愆則否愆過也否不也何謂德愆曰言天地人經德也否愆也論天地人經是德也不爲過愆可采取也　祕曰行引天地剖判以來五德轉移止乎仁義節儉君臣上下六親之施是德也莊則否是愆也　光曰鄒衍抑淫侈以歸節儉莊周矯浮躁以返眞靜其言合於天地人之常道者所謂德也否則皆過言也愆欲聞其義　祕曰問莊何以愆語君子不出諸口咸曰聦言之也　祕曰未嘗言君子之道　光曰鄒莊淫誕之語君子所不道也

揚子法言卷第五

五福五代堂古稀天子寶

八徵耄念之寶

太上皇帝之寶

宋板揚子法言

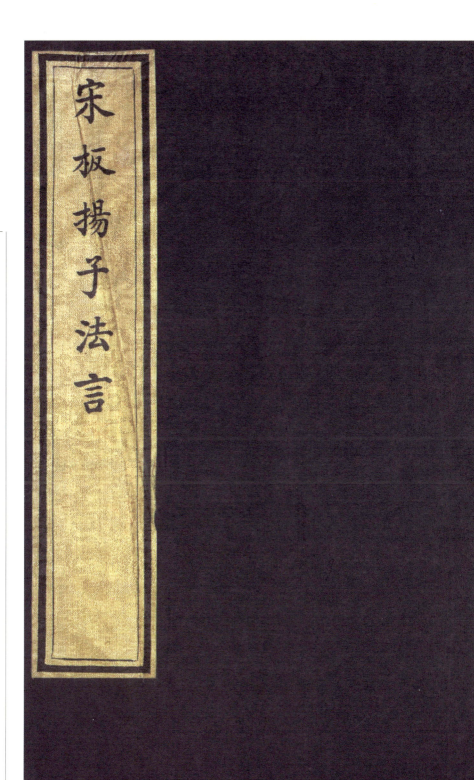

五福五代堂古稀天子寶

八徵耄念之寶

太上皇帝之寶

揚子法言卷第六

李軌柳宗元注宋咸吳祕司馬光重添注

問明篇

防姦必有其統揆物必以其度察見至微之理探射幽隱之情　窮神知化是謂明矣故次之問神

明哲煌煌旁燭無疆　咸曰明哲之人逆見微隱故施照無窮　遜于不虞　祕曰遜遜順虞度也遜順乎不虞之非理　以保天命　咸曰不虞猶不度也遜順也大雅云既明且哲以保其身故不度之辰遜可捨乎揚子之屈身莽庭亦有謂矣故曰邦無道危行言遜　光曰李奇曰常行遜順以備不虞光謂雖有明智旁照無極不能思不虞之患而預防之使墜失上天福祿之命猶未足以爲明也　譔問明　祕曰君子見幾而作不俟終日而遠憂患之虞　光曰論聖賢之明智

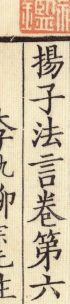

或問明曰微咸曰夫微研幾極深規於未兆者也　祕曰見之於著何足爲明　或曰微何如其明也咸曰未諭微義疑不爲明　光曰嫌其明小　曰微而見之明其詩乎祕曰微已察之明豈亂哉詩亂也　聰明其至矣乎在於至妙之人　咸曰言窮微乃聰明至極之美也　祕曰堯曰聰明文思舜曰聞之聰明　光曰聰者聞言察其是非明者見事知其可否人君得之爲堯爲舜匹夫得之窮神知命才之至美莫尚於此　不聰實無耳也不明實無目也咸曰言不聰不明雖有耳目與無同也　光曰愚者顛倒是非反易忠邪雖有耳目何異聾瞽　敢問大聰明咸曰既知微義復問大者　曰眩眩乎惟天爲聰惟天爲明夫能高其目而下其耳者

匪天也夫目高則無所不照耳下則無所不聞言人高其目則覩德義之經聖人之道下其耳則聽蒭蕘之言負薪之語　咸曰眩眩猶杳而冥也書曰天聰明自我民聰明夫天聽之卑而及于民則耳可謂下矣故明王之所以不弃市井商賈之言者蓋此也闇主則不然　光曰眩眩幽遠貌光謂物之視聽局於形聲天則聽於無聲視於無形發於心者天必知之故無若天之聰明也目高所以見遠耳下所以聽卑

或問小每知之可謂師乎曰是何師與是何師與天下小事爲不少矣巧歷所不能筭每知之是謂師乎祕曰小事甚多每人知之豈皆師乎師之貴也知大知也大知者聖道　祕曰賢者志其大者大知聖人之敎　光曰知天地人之大道小知之師亦賤矣致遠恐泥是以君子不爲故不貴也　光曰相

鷄狗弈棊蹋鞠雖妙何足師乎孟子疾過我門而不入我室或曰亦有疾乎光曰問揚子亦有所惡乎曰摭我華而不食我實華者美麗之賦實者法言太玄　咸曰門與華謂法言室與實謂太玄言孟子七篇與法言爲教一也但無太玄爾注以華爲賦實亦爲法言恐非其意　祕曰孟子與子雲俱遊於聖人之門而不與同入室孟子不言易而子雲准易是以謂之夫易者禮法之所宗仁義之所本孟子言其教故曰摭我華不言其易故曰不食我實孟之時力言仁義時君猶謂迂闊何暇言易乎今揚譏之示人之宗本耳　光曰摭拾也皆謂小知浮淺之人不能窮微探本或謂仲尼事彌其年蓋天勞諸病矣夫祕曰仲尼彌年行教蓋天勞之其病夫　光曰彌終也言仲尼終身棲棲汲汲未甞無事蓋天勞苦之亦困病矣莊列之論如此曰天非獨

勞仲尼亦自勞也天病乎哉咸曰易云天行健君子以自彊不息法夫天者也如是則天亦勞何病之有　光曰天日行一周踰一度未嘗休息何病乎天樂天咸曰所以運行無窮聖樂聖咸曰所以歷聘不暇　祕曰天聖非所病則自然樂其道矣　光曰言天聖各得其道行之自樂

或問鳥有鳳獸有麟鳥獸皆可鳳麟乎言凡鳥獸之不可得及鳳麟亦猶凡人不可強通聖人之道　祕曰疑夫睎驥之馬亦驥之乘也　光曰言鳥獸不可為鳳麟猶庸人不可為聖曰羣鳥之於鳳也羣獸之於麟也形性祕曰形殊性別豈羣人之於聖乎鳥獸大小形性各異人之於聖腑臟並同　祕曰肖天地之貌懷五常之性豈有異乎所不同者道耳　光曰聖人與人皆人也形性無殊何為不可跂及

或曰

甚矣聖道無益於庸也聖讀而庸行盡去諸祕曰聖道不益於庸愚之人讀其書而庸其行何不去之光曰言俗儒雖讀聖人之書而所行無以異於庸人盡去此俗儒乎曰甚矣子之不達也聖讀而庸行猶有聞焉去之抏也抏一作阮　咸曰言讀之尚有聞聖人之道者去之則雖無所行復無所聞矣阮猶陷也言聖人之道陷矣　光曰言俗儒雖不能行聖人之道猶得聞其道而傳諸人愈於亡也若惡其無實而遂去之則與秦之阮儒何異哉抏秦者非斯乎投諸火斯李斯　咸曰陷聖人之道於秦者李斯也非惟陷之復投諸火以滅之也此猶仲尼不去其羊以存告朔之禮　祕曰阮秦使不有王道者非李斯乎以書籍投諸火　光曰斯此也言諸儒之所以見抏於秦者亦以聖讀庸行好横議以非世故秦人深疾之并其書焚之若使秦之法遂行於世則聖

人之道絕矣

或問人何尚曰尚智祕曰仁義禮信非智不行易曰智崇禮卑曰多以智殺身者何其尚曰昔皋陶以其智爲帝謨殺身者遠矣咸曰謨謀也皋陶爲士與帝舜謀其治道何殺身之有箕子以其智爲武王陳洪範殺身者遠矣咸曰洪大也範法也周武王既殺紂以箕子歸作洪範言天地之大法後封於朝鮮何殺身之有　光曰飾智爲邪貪利徇名則殺身用智明道時然後言何害之有

仲尼聖人也或劣諸子貢祕曰叔孫武叔陳子禽皆有是言

子貢辭而精之然後廓如也精明咸曰論語曰叔孫武叔語大夫於朝曰子貢賢於仲尼子服景伯以告子貢子貢曰譬之宮牆賜之牆也及肩闚見室家之好夫子

之牆數仞不得其門而入陳子禽謂子貢曰子爲恭也仲尼豈賢於子乎子貢曰君子一言以爲知一言以爲不知言不可不愼也夫子之不可及猶天不可階而升也此所以廓如於戲觀書者違子貢雖多亦何以爲盛哉盛一作愼咸曰言無愼於子貢之明師道也光曰違子貢謂若老莊之徒不知聖人之道難知而不可及遂從而非之此觀書者所宜愼也

成湯丕承也文王淵懿也或問丕承曰由小致大不亦丕乎咸曰由七十里王天下祕曰由小國而成王業孟子曰湯以七十里丕大也革夏以天不亦承乎咸曰順天應人祕曰革夏命以順乎天書曰天命殛之承奉也淵懿祕曰問文王曰重易六爻不亦淵乎咸曰淵深也夫易極深研幾浸以光

大不亦懿乎咸曰浸漸也懿美也言三分天下有其二漸也決虞芮訟至武王卒成大勳光大也

或問命祕曰世稱脩短之命曰命者天之命也非人爲也祕曰天命壽夭非人所爲也人爲不爲命咸曰夫可爲者非謂之命請問人爲咸曰問何以謂之人爲曰可以存亡可以死生非命也是人爲者　咸曰因善而生存因惡而死亡暴虎憑河之類非命也人爲之　祕曰育之則存弃之則亡殘之則死釋之則生豈命也哉命不可避也天理然者也　祕曰天之降年有永有不永不可避也世以祈禳之術修練之要徼望延永蓋溺於貪生者爲之也光曰人事可以生存而自取死亡非天命也或曰顏氏之子冉氏之孫祕曰顏回冉耕皆早亡何也語曰冉伯牛有疾　光曰言顏淵冉伯牛非不知修人

事而顏淵早夭伯牛惡疾何也曰以其無避也咸曰言顏淵冉有皆早亡者非其爲之蓋降年
不永所謂天命不可以避也若立巖牆之下動而徼命行而
招死命乎命乎自貽伊慼　咸曰言若立夫巖牆之下以徼命招死此自爲之豈所謂命
乎故禮不登高不臨深者也　祕曰處乎危險動爲病之徼行
爲死之招豈曰命乎孟子曰知命者不立乎巖牆之下　光曰
巖牆歆危欲崩之牆也吉人凶其吉居安思危存不忘亡　祕曰吉人以吉爲凶故能常吉誡
愼之至也　光曰楚莊王以無災爲懼曰
天豈弃忘寡人乎是得吉猶以爲凶也凶人吉其凶以小
惡爲無傷而不去惡積而罪彰滅身之凶至也　祕曰凶人以
凶爲吉故至大凶不懲不勸之至也　光曰紂淫虐將亡災異
並臻而曰我生不有命在天是廢人事而任天命得凶猶以爲吉也辰乎辰歎時逝也　咸曰日月所會謂之辰

曷來之遲去之速也祕曰言時之難會也郭璞云辰亦時也君子競
諸進德修業欲及時也祕曰君子無所競必也爲道亟於時也譐言敗俗譐一作噂字書譻譐
小聲也咸曰譐邪也光曰音義曰妄言也光謂妄言者不知而作惑亂後生故敗俗也譐好敗則
則法光曰妄好非聖之書敗先王之法姑息敗德祕曰譐言小言也小言之敗風俗小好之敗法則苟
安之敗德本傳曰雖小辯終破大道管子曰凡民之從上也不從口之所言從情之所好者檀弓曰細人之愛人也以姑息姑
息苟容取安也光曰姑且息休也宴安鴆毒故敗德君子謹於言祕曰非法不言愼於
好祕曰上好之則民爲之亟於時亟急祕曰亟急也不可苟安易曰君子進德修業欲及時也吾
不見震風之能動聾聵也雷風非不猛不能動聾聵聖教非不明不

能化頑嚚之人　祕曰帝堯在上不能化
四凶　光曰言妄息之人天所不能福　或問君子在
治曰若鳳在亂曰若鳳或人不諭曰未之
思矣曰治則見亂則隱　隨時之義美之大者治見
亂隱鳳之德也　光曰舊
本末之思矣曰治
則見光謂曰衍字　鴻飛冥冥弋人何慕焉　君子
潛神
重玄之域世網不能制禦之　祕曰樂聖高邁小人安能制之
慕一作篡　光曰音義曰後漢書逸民傳序引揚子作弋者何
篡宋忠注云篡取也鴻高飛冥冥雖弋人執繒繳
何所施巧而取焉今篡爲慕誤也光謂逆取曰篡　鷦明遴
集食其絜者矣　遴集者類聚羣游得其所也鷦明非
竹實之絜不食君子非道德之祿不
居　咸曰遴行難也猶憚也明當爲鵬鷦鵬南方神鳥似鳳也
言鷦明沖天而去憚集於世蓋其食絜之然也此因上文稱鳳

之在亂則隱故舉鴻冥鷦鷯以爲之擬爾夫鳳非竹實不食非梧桐不棲注以鷦明非竹實不食又以遴集爲類聚羣游皆非矣夫鷦明爲神禽當冲天遠去故下篇亦云鷦明冲天不在六翮乎此之謂也類聚羣游而集者常鳥耳安可謂食其絜哉　祕曰鷦明似鳳南方神雀難於翔集蓋非絜不食者也君子非其道不食其祿遴行難也　光曰音義曰說文曰東方發明南方鷦明西方鸘鷞北方幽昌中央鳳凰又司馬相如傳云鷦鵬巳翔乎寥廓之宇又樂緯曰鷦鵬狀如鳳凰光謂說文朋及鵬皆古文鳳字也朋鳥象形鳳飛羣鳥從以萬數故以爲朋黨字

鳳鳥蹌蹌匪堯之庭

蹌蹌者步趾之威儀也言其降步于堯之庭非堯之庭則不降步也　祕曰治則見非堯之庭乎

亨龍潛升其貞利乎

貞正也利者義之和美龍潛升得正之利　光曰言龍之所以能亨者豈非以其有正利之德乎

或曰龍何如一本無如字可以貞利而亨曰時

未可而潛不亦貞乎得潛之正時可而升不亦利乎一本無時字得義之和潛升在己用之以時不亦亨乎行止不失其所得嘉之會以正升以義用以時龍德之通也祕曰隱或問活身咸曰問何以安生其身曰明哲既明且哲以保其身祕曰明哲以保其身或曰童蒙則活何乃明哲乎咸曰言童蒙無知者亦能活何必明而哲光曰言愚者乃所以全生若莊周論櫟社支離踈曰君子所貴亦越用明保慎其身也越於祕曰君子所以貴而異於童蒙者亦日用明哲保慎其身也越曰也如庸行翳路衝衝而活君子不貴也咸曰庸愚也翳塞也衝衝多也言庸愚塞路多多而活者此所謂罔之生也幸

而免君子不貴之秘曰羇路言多也楚兩龔之絜其清矣乎楚人龔君賓龔長倩也當哀成之世並爲諫大夫俱著令聞號曰兩龔王莽簒位之後崇顯名賢復欲用之稱疾遂終身不仕絜清其志者也　秘曰龔勝龔舍皆楚人也並著名節世謂之楚兩龔漢哀帝時俱爲諫議大夫老焉不復仕莽以太子師友祭酒迎勝不食而卒言其絜中清矣蜀莊沈冥蜀人姓莊名遵字君平沈冥猶玄寂泯然無迹之貌是故成哀不得而利之王莽不得而害也　秘曰莊遵字君平蜀人也晦迹不仕故曰沈冥　光曰三輔決録曰君平名遵光謂沈冥言道德深厚人不能測蜀莊之才之珍也不作苟見不治苟得所謂沈冥也　光曰養諸内而晦諸外不苟徇名而求利久幽而不改其操雖隋和何以加諸久幽謂賣卜於成都　秘曰隱肆成都久幽也雖隋侯之珠和

氏之璧豈加於才珍哉擧兹以旃不亦寶乎咸曰旃之也言擧此諸德以議之莊亦寶也何隋和之有吾珍莊也居難爲也咸曰言居莊之道爲人所不能非難如何難也祕曰莊通歷數以才自居他人之所難光曰吾所以重莊以其居身之道人難能也不慕由即夷矣何毚欲之有許由伯夷無欲之至既不可害亦不可利咸曰言莊君平非慕許由即慕伯夷爾何利欲之能動光曰毚貪也一本毚作利或問堯將讓天下於許由由恥有諸祕曰莊周列禦寇之徒皆有是言未知信否曰好大者爲之也祕曰好大言者爲此無其實顧由無求於世而已矣祕曰由隱者也無所求於世其行止此耳允喆堯儃舜之重則不輕於

由矣 允信也喆知也 咸曰孟子曰天子不能以天下與人然則舜有天下者天與也堯崩三年之喪畢舜避堯子於南河之南天下諸侯朝覲者不之堯之子而之舜訟獄者不之堯之子而之舜謳歌者不謳歌堯之子而謳歌舜由此言之堯豈先讓由而後舜哉故揚子謂堯以允哲之道禪舜豈輕之于許由也 祕曰詢事考言三載乃命陟位是堯禪舜之重也光曰亶與禪同信以堯禪舜之重爲智則必不輕授天下於由矣

好大累克巢父洗耳不亦宜乎 累積也克勝也積大言以相勝也巢父洗耳河濵河主逐之皆非通理之談 祕曰累刻猶累日也好大言而累日滋久以至相傳稱巢父洗耳莫辨其僞不亦宜乎逸士傳曰堯讓天下於許由由逃之巢父聞之而洗耳於河濵克一作刻洗一作灑

靈場之威宜夜矣乎 靈場鬼神之壇祠也靈場所以爲威可寘夜不可經白日偏謬之談可獨說不可校諸實 祕曰靈壇鬼神之威施於莫夜則見悚虛誕久累之說

（施於庸常則見信靈場也　光曰妄言可以欺愚不可以誣智）朱鳥翾翾歸其肆矣（朱鳥燕別名也肆海肆也　咸曰周禮玄鳥氏司分蓋燕也玄黑也周禮以黑鳥爲燕此注以朱鳥爲燕非謂矣朱鳥隨陽之鳥謂鴈也鴈亦時來時往何獨燕哉肆非獨海蓋其南北所止之區肆　祕曰朱鳥鳳也翾翾飛貌肆其所止集之肆飛歸其肆傷時之言也南方朱鳥羽蟲之長大戴禮曰羽蟲三百六十鳳爲之長是也　光曰音義曰朱鳥往來以時不累其身放肆自遂）或曰奚取於朱鳥哉曰時來則來時往則往（取其春來秋往隨時宜也　祕曰時之治可來則來時之亂可往則往）能來能往者朱鳥之謂與（不愆寒暑之宜能審去就之分　咸曰夫人知進而不知退知存而不知亡豈朱鳥之若哉　祕曰君子在治在亂若鳳）或問韓非作說難之書而卒

死乎說難敢問何反也韓非作書言說難是也而西入關于秦王伏劒死雲陽故曰何反　咸曰韓非時作孤憤五蠹說難之書十餘萬言人或傳其書於秦秦王見之曰寡人得見此人與之遊死不恨矣秦因急攻韓韓王始遣非使秦秦方欲任用之而爲李斯姚賈毀害之秦王以爲然下吏治非李斯遺非藥自殺注謂入關于秦王伏劒死未詳其據也　祕曰韓非韓之諸公子也作說難之篇本以知說之難而免於咎耳而竟下吏死於秦卒如其言何相反邪司馬遷曰余獨悲韓子爲說難而不能自脫耳

曰說難蓋其所以死乎一本作蓋所以　咸曰言非徒知說難而不能行說難故所以死也　光曰探人心而求合則無所不至適足取死耳

曰何也曰君子以禮動以義止合則進否則退確乎不憂其不合也咸曰猶孔孟方枘圜鑿豈所以憂不合哉　祕

曰用之行而捨之藏何憂之有光曰確乎守正不移之貌夫說人而憂其不合則亦無所不至矣祕曰夫不以禮義而惟以談說伺主之顏色憂其不合則邪佞詭譎無所不至宜其死也或曰說之不合非憂邪咸曰言韓非憂說不合爲非乎　祕曰或曰非謂韓非曰說不由道憂也咸曰言說人不以聖人之道此君子之所憂由道而不合非憂也譏本自挾詭情以說秦咸曰言說人以道而不合則猶仲尼去魯孟軻捨梁何憂之有韓非則不然故所以卒死於說難也　祕曰說以道而不見用繫乎時君已則何憂或問哲曰旁明厥思咸曰旁廣厥凡也言凡所思慮廣能明悟而歸諸正者之謂哲　祕曰所思皆明也五行傳曰明作哲光曰欲知聖人之道宜廣其思問行曰旁通厥德動靜

不能由一塗由一塗不可以應萬變應萬變而不失其正者惟旁通乎　咸曰言凡所立德廣能通達而貫諸道者之謂行
祕曰旁通其德而行之曰行易曰君子以成德爲行日可見之行也　光曰欲行聖人之道宜廣其德

揚子法言卷第六

揚子法言卷第七

李軌柳宗元注宋咸吴祕司馬光重添注

寡見篇

大道甚夷而民好徑此其所以發揚德音　咸曰聖人之道嘉善而矜不能故明哲極矣宜矜乎未至者所以寡見之誨次之問明

遐言周于天地遐遠周徧贊于神明咸曰五經之旨皆若是幽弘橫廣絶于邇言廣一作度　咸曰言幽深弘大之閒縱橫量度之制皆絶去近未始得諸正　祕曰贊于神明以通其幽周于天地以範其弘縱橫制度絶去邇言　光曰橫者言廣度猶度絶言其高絶于近言言去之遼邈也譔寡見祕曰迷聖人遐遠之言以悟淺近之惑　光曰疾世人蔽於近小而遺其遠大

吾寡見人之好假者也邇文之視邇言之聽假則偭焉歎人皆好視聽諸子近言近說至於聖人遠言遠義則偭然而不視聽　祕曰我寡見人之好遠者惟邇文則視邇言則聽至於論遐遠之道則背焉所謂舛馳者也偭背也離騷曰偭規矩而改錯

或曰曷若茲之甚也先王之道滿門言此談過也學先王之道者亦滿門耳　光曰言學先王之道者所在滿於師門不爲少

曰不得已也得已則已矣不得已者官有策試者也　祕曰時有策試選補故學者不獲已也如得已則各至其所至矣所至邇文邇言　得已則已一本作得已則至

得已而不已者寡哉夫以策試而後學者爲官也得不策試而好學者爲己也爲己之學也內爲官之學也外外之與內猶南之與北相去甚遠是以慨其少也　祕曰不爲補試而不已於聖人

之道者寡哉好盡其心於聖人之道者君子也人亦有好盡其心矣未必聖人之道也咸曰盡心於異端揚子所疾也　祕曰不入于韓莊則入于揚墨多聞見而識乎正道者至識也君子多聞見而心愈眞也　祕曰一槩諸聖多聞見而識乎邪道者迷識也小人多聞見而心愈僞也　祕曰學非而博如賢人謀之美也詘人而從道咸曰美善也猶仲尼夾谷之會屈齊侯去裔夷之樂從盟好之會　光曰如往也往就賢人謀之則彼將屈人之心以從正道如小人謀之不美也詘道而從人一作詘道以從人　咸曰猶商鞅屈帝王之道從秦孝公以彊國之術　祕曰謀爲

國君謀也或問五經有辯乎曰惟五經爲辯說天者莫辯乎易惟變所適應四時之宜　祕曰天有五行六子十數三才備乎易說事者莫辯乎書尚書論政事也　祕曰二帝之德三王之業政事隆殺備乎書說體者莫辯乎禮正百事之體也　咸曰事之體也　祕曰經三百儀三千各正其體者備乎禮　光曰禮正上下之體說志者莫辯乎詩在心爲志發言爲詩　祕曰四始六義發揚其志者備乎詩說理者莫辯乎春秋屬辭比事之義　祕曰傳體有三例情有五不失其理者備乎春秋　光曰明事理之是非捨斯辯亦小矣咸曰捨五經皆小說也春木之芒兮援我手之鶉兮春木芒然而生譬若孔氏啓導人心有似援手

而進言其純美也　芸一作芚　咸曰芚猶盛也鶉猶美也祕曰天氣之春使羣木芚然而盛孔子之道使羣士翕然而興援我手相與游處之鶉乎而安之鶉猶言淳也莊子曰聖人鶉居而鷇食尸子曰堯鶉居去之五百歲其人若存兮咸曰言去仲尼雖遠而其人如在　祕曰去孔子已五百年服行其道常如存在按孔子以魯哀十六年卒至漢甘露元年子雲始生凡四百二十八歲後天鳳五年子雲卒去孔子凡四百九十八歲言五百歲者舉其成數或曰譊譊者天下皆說也奚其存說一作訟　祕曰今之學者譊譊然爭訟其道之是非也何謂若存譊譊爭聲也曰曼是爲也天下之士聖也久矣其義雖存言天下無復能尊用聖道者久故也　咸曰曼猶不也士猶去也久猶遠也不是爲猶徒是爲也言譊譊者徒是爲天下雖去聖之遠然其道尚存安能亂哉　祕曰曼無也今之學者

無如是爲之也以其去聖逾遠而不能自悟故也　光曰曼是爲者言無能求其是者而從之天下之無聖人已久矣故衆說無所折衷相與爭訟

呱呱之子各識其親祕曰無他知譊譊之學各習其師祕曰但然其師而已非師則爭班固曰安其所習毀所不見終以自蔽此學者之大患也精而精之是在其中矣一本是作各　咸曰赤子雖識親因其愛而不知禮之序未學雖習師須其說而不明道之正然茍能精而益精之則聖與雜其道當各辨於其中矣若秦儀荀孟皎然自殊　祕曰精是者是精之精非者非精之各在其中矣　光曰聖人之道布在方冊賢者得其大不賢者得其小各得其一端而不能粹美若有人精心以求其是不離其中矣

或曰良玉不彫美言不文何謂也

曰玉不彫璵璠不作器祕曰璵璠寶玉也器圭璧也書曰如五器卒乃復周禮曰

玉作六器以禮天地四方言不文典謨不作經祕曰言之有文如天之有象易曰觀乎天文以察時變觀乎人文以化成天下仲尼祖述堯舜之文其典謨所以作經　光曰言文之不可以已虎豹之鞹猶犬羊之鞹或問司馬子長有言曰五經不如老子之約也當年不能極其變終身不能究其業言其要妙　祕曰司馬遷以儒者以六藝爲法六藝經傳以千萬數累世不能明其學當年不能究其禮故曰博而寡要勞而少功言道家以旨約而易操事小而功多是謂不如老子之約也班固曰論大道則先黃老而後六經此其所蔽也曰若是則周公惑孔子賊祕曰果如是言則周孔非惑則賊矣古者之學耕且養三年通一無訓解故一作三年通一經今之

學也非獨爲之華藻也又從而繡其鞶帨惡在老不老也鞶大帶也帨佩巾也衣有華藻文繡書有經傳訓解也文繡之衣分明易察訓解之書灼然易曉　祕曰鞶大帶也帨佩巾也所以備物而爲飾也言古之學者存其大體所以易也今之學者有經傳章句如華藻繡鞶帨其文彌繁所以難也安在老易而不老難哉班固曰古之學者耕且養三年而通一藝存其大體玩經文而已是故用日少而畜德多三十而五經立也後世經傳旣已乖離博學者又不思多聞闕疑之義而務碎義逃難便辭巧說破壞形體說五字之文至於二三萬言桓譚新論云秦近君能記堯典篇目兩字之說至十萬言但說曰若稽古三萬言　光曰鞶帨已是外飾又從而繡之言章句華多實少或曰學者之說可約邪疾夫說學繁多故欲約省之也曰可約解科言自可令約省爾但當使得其義旨不失其科條　祕曰

可以約解科之章句令不繁或曰君子聽聲乎曰君子惟正之聽亦聽耳但不邪荒乎淫拂乎正沈而樂者君子不聽也拂又作佛　佛違也沈溺也學記曰其求之也佛子夏曰今君之所好者其溺音乎或問侍君子以博乎祕曰博弈曰侍坐則聽言有酒則觀禮焉事博乎咸曰言君子坐則有正言飲則有正禮侍之者得聽而觀焉何事於博弈或曰不有博弈者乎咸曰謂君子言禮之外豈無博弈之事乎　祕曰據論語有之曰爲之猶賢於已耳今之所論自謂侍於君子也　咸曰此文本連下句意未終不當於此注之兼注語大與正文不類頗失揚旨弗敢削去解之於下侍君子者賢於已乎

咸曰賢猶勝也言爲博弈者但勝於無所用心而已耳夫侍君子亦止勝於無所用心而已乎言不然也　祕曰孔子曰飽食終日無所用心難矣哉不有博弈者乎爲之猶賢乎已蓋爲庸常不學之人以小道諭之耳今侍君子豈賢乎已於博弈者哉　光曰已者止而不爲

君子不可得而侍也　人師難遭也

侍君子晦斯光窒斯通窒塞亡斯有有一作存辱斯榮敗斯成如之何賢於已也　咸曰言但患君子不可得而侍如得侍之有此諸益豈特勝於無所用心而已哉

鷦明沖天不在六翮乎　咸曰鷦明解見問明篇　祕曰翮翼之勁羽

拔而傳尸鳩其累矣夫　拔鷦明之翼以傳尸鳩不能沖天適足爲累耳諭援小人以大位而不能成大功也又言學小說不能成大儒　祕曰尸鳩鳲鳩也言以聖人之道使小人行之適足增其累耳

光曰小人儒竊聖人之道以自售適足以爲其身之累耳雷震乎天風薄乎山雲徂乎方雨流乎淵其事矣乎徂往也方四方言此皆天之事矣人不得無事也天事雷風雲雨人事詩書禮樂也　祕曰此皆天之行事者乎自然之理也道家流以無爲無事爲自然不知有爲有事亦自然也　光曰天猶不能無事況在於人安得飽食終日無所用心

魏武侯與吳起浮於西河寶河山之固起曰在德不在固辭在史記曰美哉言乎使起之兵每如斯則太公何以加諸祕曰史記魏武侯曰美哉山河之固此乃魏之寶也吳起曰在德不在險昔三苗氏左洞庭右彭蠡德義不修禹滅之夏桀之居左河濟右太華伊闕在其南羊腸在其北修政不仁而湯放之殷紂之國左孟門右太行常

山在其北大河經其南修政不德武王殺之由此觀之在德不在險君不修德舟中之人盡爲敵國也武侯曰善固險固也美哉是言使起兵法常以德爲主則太公呂望何以加之　光曰惜起之用兵多尚狙詐不能充其言也

或問周寶九鼎寶乎　祕曰即禹貢金九牧所鑄之鼎成王定于郟鄏故爲周寶

曰器寶也器寶待人而後寶　道存則器不亡道亡則器不存　祕曰人君有德則鼎器爲寶　光曰人能以休明之德取之則信可寶矣苟以姦回彊暴而取之雖得九鼎奚足寶哉

齊桓晉文以下至於秦兼其無觀已　咸曰孟子云仲尼之徒無道桓文之事者故此言其與秦皆無所可觀也　祕曰二霸而後至于秦兼六國而有天下無所觀焉巳辭也　光曰言皆尚詐力不以其道而得之雖彊大無足觀也

或曰秦無觀奚其兼　咸曰言秦無所可觀則何以能兼有天下

曰

所謂觀觀德也咸曰言所謂可觀者觀其德爾秦何德之有如觀兵開闢以來未有秦也秦以兵兼而不以德莽以詐篡而不以道言秦兵之無可觀則莽之篡不言可知　咸曰此正文之意似止論秦兵之由而注兼王莽亦猶蛇足矣且云莽以詐篡不以道夫豈有以道篡人哉甚非謂焉　祕曰賈誼曰秦有餘力而制其弊追亡逐北伏尸百萬流血漂櫓兵之盛也　光曰自古未有能以兵力獨兼天下如秦者

或問魯用儒而削何也揚子貴儒學而賤兵彊魯國嘗爲齊楚所侵所以譏問　祕曰削土國弱也　光曰儒必能益人之國何魯多儒而日削弱曰魯不用儒也昔在姬公用於周而四海皇皇奠枕于京皇皇歸美安枕而卧以聽於京師　祕曰皇皇美也奠定也定枕猶言安枕也四海皇皇美盛安枕無虞歸仰于京師　光曰

四海既平則王者安枕于京師孔子用於魯齊人章章歸其侵疆章章悚懼也一時暫用猶至於是況能終之乎　祕曰章章懼也魯定公十年與齊景公爲夾谷之會孔子攝相事景公懼遂歸所侵魯鄆讙龜陰之田魯不用眞儒故也祕曰齊人歸女樂季桓子使定公受之三日不朝孔子行言不聽用孔子故也如用眞儒無敵於天下安得削萬物將自賓　祕曰孔子使魯安行王道而諸侯疆者霸業而已是無敵於天下灝灝之海濟樓航之力也一作浩浩　濟度也言度大海在舟船與大治在禮樂　光曰濟謂所以得濟航人無楫如航何雖有舟航而無楫櫂不能濟難雖有民人而無禮樂不能熙化　祕曰濟巨航者大海也如無楫柂之利以翼之其如航何猶富大國者衆民也如無禮樂之具以治之其如國何　光曰海以喻

艱難航以喻國航人以喻儒楫以喻勢位或曰奔壘之車沈流之航可

乎言治國及修身者如車奔舟覆故欲救之　祕曰車之奔敗航之沈溺　光曰奔壘謂馬驚逸抵敵壘者可謂可救

乎曰否否不也　咸曰言用奔沈之車航則不可　祕曰不可也或曰焉用智夫智者貴

能解患救難也今有患難不能解救故曰焉用智曰用智於未奔沈言奔沈吾猶人

也必也使無奔沈　祕曰智者用於未然之前　光曰制治於未亂保邦於未危大寒而後索

衣裘不亦晚乎禦災在於未發思患在乎預防　光曰言不足以爲智乘國

者其如乘航乎航安則人斯安矣航傾則人危法亂則國亡

祕曰航安則其流安矣國安則其人安矣惠以厚下民忘其死咸曰言君以恩惠厚

養其下則民忘其死以報之忠以衛上君念其賞咸曰言臣以忠勞衛翼其上則君思行其賞以及之祕曰言速報之效也自後者人先之自下者人高之欲上必以其言下之欲先必以其身後之處上而民不重在前而民不害誠哉是言也誠信也祕曰謙之尊也光曰言志不在於取而自得之乃可貴也或曰弘羊權利而國用足盍權諸盍何不也祕曰漢武以桑弘羊領大農盡管天下鹽鐵盡籠天下貨物而均輸平準之一歲之中帛得五百萬疋人不益賦而天下用饒故曰國用足曰譬諸父子爲其父而權其子縱利如子何有若譏十二之稅揚子貶權利之權祕曰子足父執與不足卜式之云不亦匡乎匡正也桑弘羊權利之時天下大旱卜式曰獨

烹弘羊天乃雨式之所言大臣正矣或曰因秦之法清而行之亦可以致平乎曰譬諸琴瑟鄭衛調俾夔因之亦不可以致簫韶矣俾使也譬諸琴瑟調正則合雅鄭衛則爲淫秦法酷暴雖欲使聖人因之不可以致康哉鄭衛本淫雖使夔拊之而不可致簫韶　祕曰秦毀滅禮義專任刑法譬如琴瑟作鄭衛之調而使夔因以鼓之不能致正聲矣言慘酷之法不可以致和平也韶舜樂也晁錯曰秦法令煩慘刑罰暴酷夔曰簫韶九成鳳皇來儀　光曰言必應更張或問處秦之世抱周之書益乎咸曰李斯上言請史官非秦記皆燒之所不去者醫藥卜筮種樹之書故時獨得存其周易而已此抱周書者蓋易也言人有居秦之世獨抱周之易可益乎　祕曰周之書若周禮周樂周書周頌周易春秋之類傳曰韓宣子適魯見易象與

魯春秋曰周禮盡在魯矣曰舉世寒貂狐不亦燠乎貂狐之裘於體溫燠咸曰言貂狐一裘於體雖燠不能救天下之寒周易一經於時雖存不能勝天下之暴　祕曰舉世方寒服貂裘狐裘之衣亦可以禦寒而迴燠猶秦世之酷抱禮義之教亦可以漸迴正治　光曰天下無道而獨得先王之術可以自治矣或曰炎之以火沃之以湯燠亦燠矣言秦焚書坑儒於湯火之中但苦太熱耳此謂或人戲嘲揚子之辭　祕曰何必貂狐之爲燠若用湯火亦燠矣猶言何必周書之爲治若用刑法亦可治矣　光曰言用秦之法以治秦之民亦孰敢不從曰燠哉燠哉時亦有寒者矣歎秦之無道也時亦有寒者謂四皓隱居戸子避地斯皆清涼其身不燠秦之湯火　祕曰歎湯火之燠非所謂燠也天時自有大寒矣　光曰言雖不得已一時暫從而中心不服終致乖亂非其時而望之

非其道而行之亦不可以至矣天由其時人由其道非時之有望之不可得見非道而行之不可得至秘曰非其夏時而以湯火望其燠非其正道而以刑法行之使至治不可以至矣言秦法一時之利非素治也光曰用秦之法以求治猶冬而望生春而望穫之燕而南適楚而北終不能致

秦之有司負秦之法度秦法已酷吏又毒之秘曰秦之法度本以刑罰決斷爲本而秦之有司乃以慘酷爲能是負其法度矣刑法志曰秦專任刑罰躬操文墨晝斷獄夜理書自程決事日縣石之一光曰秦法雖酷亦志在於求治而有司又爲文巧以亂之

秦之法度負聖人之法度秘曰聖人以禮義爲法度是負之矣

秦弘違天地之道而天地違秦亦弘矣夫德之報何其驗哉咸曰言天地以生育爲本秦以殺戮爲本是違天地亦大矣秦欲以萬

世君之天地止以二世滅之是違秦亦大矣　祕曰天地生五行之性而仁義禮智信備矣秦毀滅之專任刑法是大違天地也秦自以爲關中之固金城千里子孫帝王萬世之業也止二世而亡是天地違秦亦大矣刑法志曰秦始皇兼吞戰國遂毀先王之法滅禮誼之官

揚子法言卷第七

揚子法言卷第八

李軌柳宗元注宋咸吳祕司馬光重添注

五百篇

夫言者所以通理也五百一期非通經之言故辨其惑罔之迷也　咸曰矜其未至而誘之自非聖人則孰能與於此故五百之義次之寡見

聖人聰明淵懿繼天測靈　咸曰靈萬靈也言天有泰否聖有出沒皆不常然故聖人之出沒繼天道之否泰所以測濟萬靈者也　祕曰神靈

冠乎羣倫經諸範　範模　咸曰倫品也範猶制度也言聖人之生冠乎羣品經緯以制度而爲天下利　祕曰至聖之著存乎軌範　光曰聖人以聰明深美之德繼成上天之功測知神靈之理首出羣類立之法度以爲萬世之常道

譔五百　祕曰麟鳳不常出聖

人不常生或如三辰之並照或如一天之獨久能存其道則牆奧可量哉　光曰明聖人之道

或問五百歲而聖人出有諸　孟軻史遷皆有此言祕曰趙岐言五百歲聖人一出天道之常也　曰堯舜禹君臣也而並　光曰並世　文武周公父子也而處　光曰同處　湯孔子數百歲而生　光曰湯上距禹下距文王孔子上距周公皆數百歲　因往以推來雖千一不可知也　千歲一人一歲千人不可知也　祕曰堯舜禹三聖相並後數百年始生湯文武周公三聖同處後數百年始生孔子先則比年而三聖後則遠年而一聖因往以推來雖千年一聖亦未可知也夏后氏有國四百三十二歲而湯興周有國五百七十二歲而孔子生　聖人有以擬天地而參諸身乎

稟天地精靈合德齊明是以首擬天腹擬地四支合四時五藏合五行動如風雷言成文章也　咸曰夫天地之道或泰而通或否而塞泰則萬物阜否則萬化閼弗一而常也夫聖人之道或生而出或亡而絕出則萬物遂絕則萬化滅亦弗一而常也是故天地不常泰亦不常否聖人不常出亦不常絕揚子因上論聖人之生有以合天地之化遂爲之言耳注以別爲一義且云首擬天腹擬地以形體解之甚失揚旨矣夫人之有血氣形體首圓象天足方象地至于肢藏各有所法雖庸愚者皆然豈獨聖人哉學者宜辨之　祕曰聖人有以擬法天地而參乎言行也管子曰聖人若天然無私覆也若地然無私載也禮曰譬如天地之無不持載無不覆幬皆言聖人之道也

光曰言德與天地參者則爲聖人無蹤數之期也

或問聖人有詘乎　咸曰問有所詘身之事　曰有曰焉詘乎　咸曰焉安也言安所詘

曰仲尼於南子所不欲見也　祕曰南子衛靈公夫人也孔子本不欲見也

陽虎所不欲敬也一作於陽虎 祕曰陽虎陽貨也爲季氏家臣專魯之政孔子本不欲敬也見所不見敬所不敬不詘如何祕曰孔子見其本不欲見者欲使靈公行治道也敬其本不欲敬者如有用我者吾其爲東周乎是欲詘身以行道語曰子見南子又曰時其亡也而往拜之曰衛靈公問陳則何以不詘祕曰不詘謂不順從靈公而對以俎豆之事曰詘身將以信道也如詘道而信身雖天下不爲也仲尼之敬陽虎揚子之臣王莽所詘者形也於神何時撓哉諸如此例學者宜識其旨 咸曰言見南子陽虎是身也雖詘之可矣於道何損對靈公是道也將詘之可乎雖得天下不當爲矣故孔子曰君子之行己可以詘則詘可以伸則伸揚子之於事莽亦斯之謂乎 光曰雖利之以天下猶不可爲詘道伸身之事聖人

重其道而輕其祿，衆人重其祿而輕其道。一作輕其道而重其祿 聖人曰於道行與，衆人曰於祿殖與。聖人以行道爲務，凡人以祿殖爲先。光曰：殖，豐多也。 昔者齊魯有大臣，史失其名。以道事君，不可則止，爲大臣也。史失其名者，不書其名也。 曰：何如其大也？曰：叔孫通欲制君臣之儀，徵先生於齊魯，所不能致者二人。高帝時，叔孫通爲奉常，欲制君臣之禮，乘亂之餘，權時之制，不合聖典，雖盡其美，未盡其善，故不能致之。祕曰：叔孫通爲漢高祖起朝儀，召魯諸生三十餘人，魯有兩生不肯行，曰：又欲起禮樂，禮樂所由起，積德百年而後可興也，吾不忍爲公所爲，不合古，吾不行，公往矣，毋汙我。通笑曰：若眞鄙儒也，不知時變遷

固二史皆曰魯有兩生而揚謂齊魯豈其接近而言哉　光曰先生謂宿儒

曰若是則仲尼之開跡諸侯也非邪

咸曰開謂開布其跡於諸侯之國也　祕曰若以二生爲是則仲尼欲行教於諸侯非與開闢說其君臣之義跡跡述其禮儀之制　光曰或難揚子以齊魯二生知道不行而不起爲是則仲尼之歷聘爲非邪

曰仲尼開跡將以自用也

欲行其道制素法也　祕曰欲行已之道合於聖人之法

如委已而從人雖有規矩準繩焉得而用之

咸曰規矩準繩猶制度也言委已而從人則雖有制度不得專而用之故二人所以不至也如孔子則不然　祕曰通制漢儀得隨時之義而揚獨許此二生者蓋言其惡叔孫之面諛而雜用秦儀且欲自明揚之志不隨莽改作也　光曰二生所守三王之禮而叔孫通阿諛希世雜用秦儀若起則當委已而從之安得自用其道

也

或問孔子之時諸侯有知其聖者與曰知之知之則曷爲不用曰不能曰知聖而不能用也可得聞乎曰用之則宜從之秘曰用其人當從其道從之則弃其所習光曰習謂故常所安逆其所順光曰順謂情志所欲彊其所劣光曰劣謂彼所難能揁其所能揁弃咸曰夫子所習者正彼所習者不正故當弃之夫子所順者道彼所順者非道故當逆之夫子所劣者非彼所劣者是故當彊之夫子所能者德彼所能者不德故當揁之秘曰既從聖人之道則諸侯習其異聞者弃之順非而澤者逆之劣於仁義者彊之以攻戰聚斂爲能者揁之是之謂能用之光曰能謂心所素有衝衝如也光曰心相逆鬬之貌非天

下之至一作至德孰能用之咸曰衡衡猶多也言諸侯如是者多矣安能用之　祕曰當時諸侯衡衡然非有天下之至德至道誰能用之哉　光曰至德謂至明之德也或問孔子知其道之不用也則載而惡乎之欲知載送道術何所之詣　祕曰何所之乎曰之後世君子許來哲　祕曰與後世之王者禮運曰禹湯文武成王周公由此其選也此六君子者未有不謹於禮者也　光曰俟後之聖賢必有能用其道者曰貫如是不亦鈍乎言畜貨以遺後畜道俟將來是遲鈍人之不售　祕曰譬如貫　光曰言行道者貴於及身乃載以遺後世譬諸爲貫求利者如此不亦鈍乎曰衆人愈利而後鈍咸曰邪道苟合久而益非　祕曰行一切之利不可經世聖人愈鈍而後利咸曰正德不偶久而益光　祕曰初不苟

合久而利博　光曰言利愈近則愈小愈遠則愈大闗百聖而不慙祕曰闗猶言管也荀子曰天下之道管是矣百王之法一是矣揚倞曰管樞要也　光曰孔子之道雖經百聖不可易蔽天地而不恥咸曰蔽猶塞也言道塞於天地而無所愧　光曰終也能言之類莫能加也祕曰自生民巳來未有如夫子也　光曰爲衆說郛貴無敵富無倫倫匹　光曰堯舜所不能踰利孰大焉咸曰他貴以位而富以財聖人貴以道而富以教無倫敵矣利及萬世非大而何　光曰範圍天地曲成萬物或曰孔子之道不可小與嫌孔子大其道故當其時不能見用曰小則敗聖如何祕曰小道害聖如之何可小曰若是則何爲去乎咸曰言不見用則巳何去魯去衞之爲乎光曰道既不可小則所如不合何必去父母

之邦 曰愛日 祕曰欲及時急於行道 曰愛日而去何也 咸曰言欲及時施道
則止魯可矣何去之祕曰去魯光曰留魯而化之則收效彌遠 曰由羣謀之故也 一作
羣婢 不聽正諫而不用噫者吾於觀庸邪無爲
飽食安坐而厭觀也 齊人歸女樂季桓子受之三日不聽朝正諫而不用於是遂行
不用噫一本作不用雉噫 咸曰孔子相魯齊人懼而欲敗其政選齊國中女子好者八十人皆衣文衣而舞容璣文馬三十
駟以遺魯君季桓子語魯君爲周道游觀終日怠於政事子路曰夫子可行矣孔子曰魯今且郊如致膰乎大夫則吾猶可以
止桓子卒受之三日不聽政郊又不致膰俎於大夫遂行而師已送之曰夫子則非罪也孔子曰吾歌可乎歌曰彼婦之口可
以出走彼婦之謁可以死敗優哉游哉聊以卒歲師已反桓子曰孔子亦何言師已以實告桓子曰夫子罪我以羣婢故也不

聽正當作不聽政字之誤也雉噫猶歌嘆之聲梁鴻五噫之類也庸邪謂女樂也言仲尼所以雉噫然歌之而去者蓋不能飽食安坐厭觀庸邪之樂欲愛日汲汲於施道也　光曰季桓子受齊女樂不聽政孔子諫不用乃嘆曰吾爲大夫豈可坐觀其政亂民困邪故去之它國

由此觀之夫子之日亦愛矣　惜寸陰　光曰知己道必不行於魯故汲汲去之它國

或曰君子愛日乎　祕曰君子必如夫子愛日乎　曰

君子仕則欲行其義居則欲彰其道　祕曰仕則欲道之行居則欲道之著　光曰居處不仕

事不厭教不倦焉得日　日不暇給　咸曰言不廢一晷安得餘日而愛之

或問其有繼周者雖百世可知也秦已繼周矣不待夏禮而治者其不驗

乎祕曰孔子言殷因於夏禮周因於殷禮三代損益相因若循環而繼周者宜復用夏禮矣秦不用而治是聖人之言無驗乎曰聖人之言天也咸曰聖人之所言者天命也如五運正統者耳故能相因而損益天妄乎祕曰聖人之言天意也聖言不驗豈天或妄乎無妄也言暴亂者非天意也　光曰聖人之言譬如天天運行有常豈妄動乎繼周者未欲太平也咸曰妄忘也天似未欲天下之平而忘乎命聖人以繼周故秦非正統偶因暴而得之也　祕曰秦不用三代之禮是未欲秦平也如欲太平也捨之而用它道亦無由至矣暴秦之繼周王莽之篡漢臧獲猶將悼之賢者能無慨歎乎　咸曰它道謂邪道指秦政也言天如欲天下之平則捨秦而立用聖人矣用聖人則秦之邪道亦無由至矣今注辭殊不據文釋之但引王莽比秦似非正文之意夫王莽篡也而秦并天下其可謂篡邪秦與王莽暴則同矣而

其所取異焉　秘曰如秦之意亦欲泰平也捨禮而用刑法亦無由至也　赫赫乎日之光　一作日出之光　羣目之用也渾渾乎聖人之道羣心之用也　秘曰羣目非日光無以辨色羣心非聖道無以表正　光曰目因日光然後能有見心因聖道然後能有知渾渾廣大踈通之貌

或問天地簡易而聖人法之何五經之支離　嫌難了　咸曰支離猶委曲也　秘曰支離猶言分散也各有科條分散而難通　光曰支離猶扶踈繁多之貌　曰支離蓋其所以爲簡易也　支離分別之而後明然事得簡易　秘曰五經分散各有科條使人沿波計源然後知聖人之道法天地之簡易也　已簡已易焉支焉離　既簡既易乃是混茫之初焉支焉離言不可了也　咸曰言天地之道闢闔舒慘是亦先委曲

經營而後至於無爲五經之文浩博祕奧亦先委曲分別而後至於易了如其巳自簡巳自易則安用支安用離　祕曰巳達聖人之道何支離之有　光曰道之未明故支離以明之道之旣明則坦然簡易安用支離也言經者所以明道道旣明則經不繁矣

或曰聖人無益於庸也祕曰庸用也老子有絕聖弃智之言故曰無益於用據漢尚黃老而司馬談班固之徒各稱老嚴之妙而詆訾聖人是以或人問難多此類也

曰世人之益者倉廩也取之如單有時而盡　光曰倉廩雖於人有近益而所藏不多

仲尼神明也小以成小大以成大惟山川丘陵草木鳥獸裕如也學其道者太小各隨其本量而取足　祕曰神者所以用乾坤六子而生萬物者也聖人之道神明之道也得其小大各有所成而無所窮盡裕如也　光曰神明造化也生

物無窮裕如有餘貌如不用也神明亦末如之何矣神明有所不及聖人有所不訓　祕曰如有固背之而不用亦猶草木鳥獸斸之齧之使不得遂其生雖神明亦無如之何也　光曰頑石朽木造化所不能移昏君愚人聖人所不能益或問聖人占天乎曰占天地言能占之　祕曰孔安國曰無事不通謂之聖　光曰仰觀象俯觀法若此則史也何異曰史以天占人聖人以人占天聖人以人占天者先乎天也史以天占人者後乎天也大聖先天而天不違良史後天而奉天時知其所先後則天人之情得矣　祕曰以天占人者觀天以見人事也以人占天者因人以知天意也　光曰史考察象數知人事之吉凶聖人修人事知天道不能違或問星有甘石何如甘公石申夫善觀天文者也　祕曰或人復問史之尤著者善於占

星晉志曰諸侯之史齊有甘德魏有石申夫皆掌著天文各論圖驗其巫咸甘石之說後代所宗曰在德不

在星德隆則晷星星隆則晷德也咸曰晷影也猶影蔽之也隆尚也言隆尚於德則影蔽星晷隆尚於星則影蔽德業祕曰晷現也星之妖瑞不虛發應有德無德而已聖人知其然務在修德豈在星乎德之隆盛然後規星無不順軌星之隆盛亦規德而已　光曰晷景也景從形者也德崇則景從而祥景崇則德從而壞

或問大人曰無事於小爲大人賢者志大之謂

祕曰小小道

請問小曰事非禮義爲小尚志在乎禮義大人之事備矣

光曰治禮義則餘無不治者所以爲大

聖人之言遠如天天懸象著明而人不能察

聖人設教施令而人不能究

賢人之言近如地山川澤田之形可得而鑒　光曰天

高遠不可及地雖近亦承天而時行瓏靈其聲者其質玉乎玉之瓏靈其聲亦猶君子清泠其德音　祕曰諭遠近之美孟子曰玉振也者終條理也　瓏靈一本作玲瓏　光曰質美則聲清德充則言善

聖人矢口而成言肆筆而成書矢正也肆操也祕曰矢放也肆恣也放口恣筆動成典訓爾雅曰矢弛也郭云弛放

言可聞而不可殫書可觀而不可盡性與天道　祕曰所以遠如天光曰聖人縱心所欲皆合於道不可殫盡言深遠也

周之人多行貴尚德義人人得行其道　咸曰此言周盛王道禁網疏闊商賈之人皆得謗議於市故衆人略無諱忌所行皆可耳

秦之人多病道屈沈也咸曰以道屈沈爲病非矣衆人安有道可沈哉此言秦法刻密偶語者弃市所忌甚多衆庶之人無措手足動則見病耳

行有

之也病曼之也行有之者周有德也病曼之者秦無道也　咸曰注殊不解行有之病曼之之義但云周有德秦無道即未知行有之病曼之果何語邪甚非謂矣夫行有之者謂它人所敢行天下或有之或無之惟周之人所敢行者天下皆有之言多也病曼之者曼長也言它人所病者或作之或愈之惟秦之人所有病者天下長然言無愈時也　祕曰曼無也多行樂於事業而不壅也多病困於刑罰而不蘇也周人所以多行者由君存而有之也秦人所以多病者由君視之如無也刑法志曰秦用商鞅連相坐之法造參夷之誅　光曰周人多賢行者有聖人之道以教之也秦則無之故多疵病

周之士也貴道泰業隆故尊貴故貴　咸曰言周弃邪用賢　祕曰周之士以德行道藝而升之所以貴　光曰閑於禮樂故可貴

秦之士也賤道否人卑故窮賤　咸曰言秦弃賢用邪故賤　祕曰秦之士以刑法而責成之所以賤　光曰習於刑名故可賤

周之士也肆肆放任意而道義行

咸曰古者天子聽政公卿至於列士皆得獻詩以諫言周無所忌故臣下皆得肆縱直言　祕曰肆猶恣縱也縱行公道　光曰優游仁義之間

秦之士也拘

拘制曲從不肆正道　咸曰此謂秦以忠諫爲妖言或皆族之故臣下無敢議事而拘忌　祕曰拘拘束於法　光曰動爲文罔所制

月未望則載魄于西

載始也魄光也載魄于西者光始出於西面以漸東滿　光曰魄當作朏明也明始於西以漸變魄

既望則終魄于東

光稍虧於西面以漸東盡　咸曰案周書召誥曰惟丙午朏傳云朏明也月三日明生之名康誥曰惟三月哉生魄傳云三月始生魄月十六日明消而魄生是則朏爲明魄爲晦矣夫月未望者即始生明之時也正文宜曰月未望則載朏于西夫月既望者即始生魄之時也正文故曰既望則終魄于東今未望亦言魄蓋字之誤也而注文隨誤彊解以魄爲光恐失其義　光曰明在於東成魄之終

其遡於日乎

遡迎也言爲人臣終

始盛衰向迎其君如月迎日天理然也　咸曰遡向也夫日行遲一歲而周天月行速一月而周天故月之行終始皆向日也非有迎日之義其上下弦之時行度近日所以光損而未盛及夫月十五日其行度遠而與日相對望所以光滿而明也猶臣之近君則威損遠君則勢盛揚子止言周秦之士故因論日月之分以明君臣之道當然而秦不然也　光曰月迎日而有光猶臣賴君而有功

彤弓盧矢不爲有矣　以諭有君而無臣　咸曰周之制諸侯得賜弓矢然後專征伐故平王東遷晉文侯有安定之功遂賜彤弓一彤矢百玈弓百玈矢千也此言秦之士賤而拘頗失君臣之道則安所用忠而得賜於彤玈弓矢哉故曰不爲有矣注謂以諭有君無臣不連上文失之也　光曰彤弓玈矢人臣之上賞也人臣不得君之任使安能有功故雖受彤弓玈矢之錫未可自謂己功恬而有之也晉平公問齊桓之霸君之力乎臣之力乎師曠曰管仲善斷割隰朋善煎熬賓胥無善齊和羹已熟矣奉而進之而君不食誰能彊之亦其君之力也樂羊拔中山

返而論功魏文侯示之謗書一篋樂羊再拜稽首曰此非臣之功君之力也

聆聽前世清視在下鑑莫近於斯矣聽一作德執古以御今御今以古則殷鑑不遠咸曰聆聽也前世謂周秦也下謂士庶也言後之爲君者辨聽周秦之跡闚刻密明視臣庶之行病拘肆則爲鑑之道無近於此矣光曰前世不可見故云聽臣民今在下故云視

或問何如動而見畏曰畏人何如動而見侮曰侮人禍福無門惟人所召咸曰鄭康成云心服曰畏此言畏猶心服而畏敬之也故畏敬於人則人亦畏敬之慢侮於人則人亦慢侮之夫見畏之與見侮無不由己我欲仁斯仁至矣

或問禮難以彊世言禮事至難難可以彊世使行光曰世人皆苦禮之拘難以彊之曰難故彊世祕曰禮者君子之所好而

世俗之所難也以其難故彊之使過者俯而就之不及者跂而及之　光曰以其難故彊使遵之

如夷俟倨肆羈角之哺果而啗之奚其彊　咸曰夷俟倨肆皆驕倨之謂也羈角猶總角也傳曰貴不期驕而驕自至是夷俟倨肆不學而能人所易也總角之童哺啗其果亦易之也設乎禮道不難如驕啗之易則安用彊教於世哉　光曰夷俟若原壤者凡翦髮男角女羈謂幼子也人之箕倨驕慢及幼子啗果皆其情所欲何必彊也

或性或彊及其名一也　性者天然生知之彊者習學以至也雖爲小異功業既成其名一也　咸曰性者言人之性自然而好禮也彊者言人之所難用使而爲禮也性與彊既皆由禮是其爲名於行禮同也蓋因上文彊禮之論故於此誘之耳注以生知習學之義別爲一段解之非謂矣　光曰人或性安於禮或自彊以從禮及其成名一也

見弓之張兮弛而不失其良兮　弛舍

或曰何謂也曰檄之而已矣弓良在檄格人良在禮樂　咸曰周禮謂檄爲正弓之器也言弓之一弛一張而不失其良者以有檄正之也人之一動一靜而不失其善者以有禮制之也此亦因上文而爲之言川有防器有範見禮教之至也川防禁溢器範撿形以諭禮教人之防範也以舊防爲無所用而壞之者必有水敗以舊禮爲無所用而去之者必有亂患也　祕曰川無防則水爲害器無範則人廢業禮教失則禍亂生王制曰用器不中度不鬻於市經營然後知幹楨之克立也幹楨築牆版之屬也言經營宮室立城郭然後知幹楨之能有所立也建宗廟立社稷然後知禮樂之能有所成也莊楊蕩而不法咸曰莊周楊朱之道放蕩而非法墨晏儉而廢禮咸曰墨謂墨家也司馬遷曰墨者儉而難遵晏謂晏嬰也禮曰晏子祀其先人豚肩

不掩豆瀞衣濯冠以祭是皆不中禮也申韓險而無化險克所以無德化祕曰申不害韓非之法傷於險而無教化鄒衍迂而不信迂迴不可承信　咸曰鄒衍之術推天地未生及海外山川之事迂誕而不言信也聖人之材天地也覆載與天地合其德　祕曰不可逾也　光曰無不覆載次山陵川泉也次聖者大賢也高顯如山陵通潤如川泉也　光曰得天地之一端佐天地以育物次鳥獸草木也區別各有所長　咸曰班固分人爲三等演而成九品揚亦以人分較爲三等矣上聖人如天地也中賢人如山陵川泉也下庶人如鳥獸草木也夫人之不學以勉爲賢則鳥獸草木之流矣有旨哉揚子之言　祕曰衆人也語曰譬諸草木區以別矣馬融曰言大道與小道殊異譬如草木異類區別言學當以次　光曰依於山陵川泉以自生所得彌小

八卷終

五福五代堂古稀天子寶

八徵耄念之寶

太上皇帝之寶

宋板揚子法言

五福五代堂古稀天子寶

八徵耄念之寶

太上皇帝之寶

揚子法言卷第九

李軌柳宗元注宋咸吴祕司馬光重添注

先知篇

圖難於其易求大於其細爲之乎其未有治之乎其未亂如斯而已矣　咸曰聖人之哲動則先知故次之五百

立政鼓衆動化天下莫尚於中和光曰鼓謂鼓舞中和之發在哲民情哲智　祕曰五行傳曰哲知也中和之發則民之情僞無不先知中庸曰喜怒哀樂之未發謂之中發而皆中節謂之和中也者天下之大本也和也者天下之達道也致中和天地位焉萬物育焉　光曰哲當作晢晢明也言將發中和之政在先明民情

謨先知祕曰聖人達于事幾吉之先見故能成天

下之化光曰論爲政之道

先知其幾於神乎幾近也神以知來探未兆也逆識先知近於神也敢問先知曰不知荅以不知者神悟則先知非問之所及也祕曰知之其神乎知其道者其如視舉目便見忽眇緜作昞眇緜遠視昞一作炳咸曰忽輕也眇細也緜遠也昞謂炳然光明也此言先知之道臨事則悟如明目之視忽輕眇細緜遠之物皆炳然而見也注從其如視隔爲一句復以眇緜爲一事釋之頗失其義先甲一日易後甲一日難甲者一旬之始巳有之初也先之一日未兆也後之一日巳形也夫求福於未兆之前易救禍於巳形之後難咸曰甲者教令之始也夫明王之道先令後刑故先甲一日以昭而示之也示之而雖犯猶宥之故曰先一日易也後甲一日以廣而諭之也諭之而

尚犯則刑之故曰後一日難也　祕曰周禮縣治象之法于象魏使萬民觀治象挾日而斂之鄭司農云從甲至甲謂之挾日凡十日是以易稱先甲三日先庚三日皆爲申命令之義夫干有十日自甲至癸皆挾日之義而易獨取甲庚者以甲木主仁而示其寛令也庚金主義而示其嚴令也今夫先見者察民未犯之前先一日申其令則其爲治易也如當巳犯之後後一日申其令則其爲治難也

或問何以治國曰立政何以立政曰政之本身也身立則政立矣子帥以正孰敢不正

或問爲政有幾幾要也欲知爲政善惡之要　祕曰請問其目曰思斁斁厭　咸曰言政善則人思慕之政惡則人厭苦之　祕曰斁厭也思斁二義而巳

或問思斁曰昔在周公征于東方四國是王王匡　咸曰詩云周公東征四國是皇　光曰詩傳云皇

臣也

召伯述職蔽芾甘棠其思矣夫祕曰周公旦攝政三監管蔡商及奄之四國叛周公東征三年而歸四國於是從王命也故東山二章言其思也詩云不可畏也伊可懷也召公奭聽訟于小棠之下國人思其人美其樹詩云蔽芾甘棠勿翦勿伐皆其思矣

齊桓公欲徑陳陳不果內執轅濤塗其斁矣夫伐楚雖美而御師不整故不欲令徑祕曰齊桓公既伐楚而欲徑從陳陳不欲內之故執轅濤塗僖公四年左氏無斁之之文揚據公羊而言也公羊傳曰濤塗謂桓公曰君既服南夷矣何不還師濱海而東服東夷且歸桓公曰諾於是還師濱海而東大陷于沛澤之中顧而執濤塗古者周公東征則西國怨西征則東國怨桓公假塗于陳而伐楚則陳人不欲其反由己者師不正也不修其師而執濤塗古之人討則不然也

於戲從政者審其思斁而已矣或

問何思何戮光曰何以致之曰老人老孤人孤病者養死者葬男子畝婦人桑之謂思爲政如此民所思也祕曰使人各得其所則見思矣若汚人老汚慢祕曰汚辱也屈人孤屈窮祕曰屈抑之病者獨祕曰無所養死者逋祕曰見死者逋逃而不葬光曰逃弃不葬田畝荒杼軸空之謂戮民猒苦也祕曰使人各失其所則見厭矣爲政日新或人敢問日新咸曰欲知其旨曰使之利其仁樂其義咸曰使民以仁爲利以義爲樂則勸於進矣祕曰博愛爲仁則其利彌廣合宜爲義則其樂無窮光曰仁義者顯榮故利而樂之厲之以名引之以美咸曰以名譽而勵勸之以美善

而引導之則喜於行矣使之陶陶然之謂日新咸曰如是則民欣欣然無怠非日新而何祕曰日日新光曰陶陶喜爲善之貌或問民所勤勤苦曰民有三勤曰何哉所謂三勤曰政善而吏惡一勤也光曰不能宣布稱上志吏善而政惡二勤也光曰掣肘不得行其志政吏駢惡三勤也政君也駢並也祕曰駢并也禽獸食人之食土木衣人之帛穀人不足於晝絲人不足於夜之謂惡政人君苑囿禽獸故穀人竭力於晝也土木衣綈錦故絲人竭力於夜也晝夜竭力而猶不足是故爲惡政聖人文質者也因人才質刻而畫之文而藻之咸曰質者言

世之質野如鳥獸草木然聖人因爲禮樂制度以文飾之故有別也注謂因人才質刻而畫之無乃不可乎　祕曰因其質而文之　光曰質者爲政之大體也質既美矣又須禮樂以文之周書曰若作梓材既勤樸斲惟其塗丹雘

車服以彰之車服等差辨彰貴賤　祕曰五車十二衣以彰之

藻色以明之藻色輕重顯明尊卑　祕曰文藻五色以明之　光曰藻色謂文物也彰明上下之體也

聲音以揚之歌於管絃詠其德美　祕曰和鑾玉佩五音六律以揚之

詩書以光之載其功德光照後世　祕曰頌載其德光顯後世皆所謂文質者也

籩豆不陳玉帛不分琴瑟不鏗鍾鼓不抎則吾無以見聖人矣言此諸禮存故得覩聖人　祕曰抎鍾鼓之聲也抎與隱聲相近隱訇皆聲也此皆謂質野無文而已抎一作耺　光曰說文云抎有所失也音義曰耺耳中

聲也言聖人事業皆在制禮作樂之中或曰以往聖人之法治將來譬猶膠柱而調瑟有諸曰有之光曰言當隨時制宜曰聖君少而庸君多如獨守仲尼之道是漆也漆甚於膠祕曰漆膠類曰聖人之法未嘗不關盛衰焉咸曰觀其盛衰以為之沿革祕曰隨時制宜昔者堯有天下舉大綱命舜禹咸曰大綱猶大道也禪位於舜禹孟子所謂天與賢則與賢也祕曰大綱皇綱也堯命舜舜命禹光曰大綱謂天下之政夏殷周屬其子不膠者卓矣卓遠咸曰夏殷周屬其子孟子所謂天與子則與子也祕曰卓然可見唐虞象刑惟明法度

彰也祕曰畫象也何休曰孔子曰三皇設言民不違五帝畫象世順機三王肉刑揆漸加漢文令曰蓋聞有虞之時畫衣冠
異章服以爲戮而民不犯光曰揚子以象刑爲畫衣冠異章服也夏后肉辟三千不膠
者卓矣二帝三王期於存公不恤私也祕曰五刑之屬三千堯親九族協
和萬國湯武桓桓征伐四克由是言之不
膠者卓矣五君之跡雖異隨時順宜其道一也祕曰仲尼之道亦二帝三王之道也禮樂
征伐自天子所出祕曰道之常也春秋之時齊晉實
予不膠者卓矣禮樂征伐當由天子所出而春秋之時天子微弱齊桓晉文專命征討然而所
爲皆尊王室故春秋公羊傳文雖不予而實予之存於公正也
祕曰春秋之時齊晉得專征伐者蓋前王與之耳僖四年傳管

仲曰昔召康公命我先君太公曰五侯九伯女實征之以夾輔周室周制諸侯有大功賜弓矢然後專征平王賜晉文侯彤弓一彤矢百盧弓一盧矢百實與者謂孔子刪書而序文侯之命無所黜去則齊亦宜然也自湯武以上稱由是言之明二霸之迹不可繼也

或曰人君不可不學律令曰君子爲國張其綱紀謹其教化謹李作議綱之有綱紀猶君之有股肱也綱紀張則綱目正股肱良則庶事康導之以仁則下不相賊莅之以廉則下不相盜臨之以正則下不相詐修之以禮義則下多德讓君子所當學也如有犯法則司獄在執契而已祕曰各有司存

或苦亂苦患祕曰或

人以任有司苦患其紊亂 曰綱紀 綱紀然後綱目正　祕曰提其綱正其紀則有條而不紊　光曰自天子至於庶人上下相承如身使臂如臂使指 曰惡在於綱紀曰大作綱小作紀 綱賴綱紀君任輔佐　光曰天子爲四方之綱諸侯爲一國之綱卿大夫士各紀其職亂何自生 如綱不綱紀不紀 謂失綱紀之任 雖有羅綱惡得一目而正諸 綱無綱紀目不正君無股肱國不治　祕曰三者之教化也仁廉禮義爲其綱以糾之則百辟自正 或曰齊得夷吾而霸仲尼曰小器 祕曰管仲之器小哉 請問大器曰大器其猶規矩準繩乎先自治而後治人之謂大器 夫以規矩準繩而能使上下無猜者大器也大器者必龍沓羣

疑之表莫得與之爭量也管子相桓公不能以之自固三歸反坫然後獲安　祕曰規矩先自圓方準繩先自平直然後能爲器器出於是大器者也管子不知禮安能以禮正國哉

或曰正國何先曰躬工人績　躬身也工官也言先正身以臨百官次乃覽察其人考其勳績也　光曰工巧則績善工拙則績惡言當先正其身然後正人

或曰爲政先殺後教　光曰言當先使民畏威然後可教

曰於乎　於乎者駭歎之聲

天先秋而後春乎將先春而後秋乎　天道先春後秋以成歲爲政先令後誅以成治

吾見玄駒之步　玄駒蚍蜉子也

雉之晨雊也　雊鳴

化其可以已矣哉　感陽應節自然之化化之所感有自來矣　巳一作成　祕曰聖人之教化亦非彊爲之蓋順春秋自然之道先教不從而後刑焉聖主奉若

天道牧之而已譬如螳之能行雉之晨雊蟲之微者非教化之所及所以然者天道自然先化之耳斯爲政所以先教也步行也崔豹古今注云螳曰玄雊 光曰螳出蟄而行雉之朝雊皆春候也天以陽氣薰烝萬物而成春聖人以道德陶染百姓而成化故見春物而知教化安可以巳哉

民可使覿德是以堯舜之民可比屋而封**不可使覿刑**是以桀紂之民可比屋而誅 祕曰王者可以德示民而不可以刑示民亦先德後刑之義也在易坎險爲刑而象曰王公設險以守其國隱刑言險是不可顯示於人此聖人深旨也爾雅曰坎律銓也郭云易坎卦主法法律皆所以銓量輕重

覿德則純覿刑則亂祕曰覿德則民歸厚故純覿刑則民生僞故亂

象龍之致雨也難矣哉象似也言畫繪刻木以爲龍而求致雨則不可得也

曰龍乎龍乎歎非眞龍眞龍而後能致雲雨明君而後道化行也 祕曰言龍非其然

乎眞龍然後雲行雨施若大旱非有傳説賢明之實者豈能爲霖雨哉　光曰言非龍也爲政者當務實不可以文飾致治

或問政核咸曰核實也問爲政之實光曰謂精確得其實曰眞僞用眞人遠佞僞眞僞則政核善善明則眞人顯惡惡著則佞僞息眞僞審則政事核也　祕曰眞眞而僞僞則政得其實如眞不眞僞不僞則政不核北面之禍南面之賊也　祕曰眞僞而僞眞則政事不實

鼓舞萬物者雷風乎鼓舞萬民者號令乎天以雷風鼓舞萬物君以號令制御萬民雷不一三令五申風不再制無二也　祕曰雷發則羣蟄皆起雷收則羣蟄坯戸不主於一者也春風至則萬物皆生秋風至則萬物皆落不俟乎再者也猶王者號令一出天下大同大同則何一之有一出則何再之有光曰一再言其少游雷隨風乃能動物三令五申乃能齊物

聖人樂陶成天下之化（聖人樂一作聖人樂天　咸曰聖人知天命遇與否皆樂焉）使人有士君子之器者也（咸曰言明道立教使天下皆成其器猶陶甄者隨小大而制之　秘曰陶者無模範則泥不成器聖人無禮制則人不成君子）故不遁于世不離于羣（咸曰故仲尼惶惶于宋鄭之郊孟子區區於齊梁之閒者蓋此也　秘曰所謂樂天）遁離者是聖人乎（言遁離者非聖人也　秘曰儽隱行怪非聖人與　光曰長沮桀溺之徒君子所不與）雌之不才其卵毈矣（毈敗）君之不才其民野矣（民之陶化猶泥之在鈞　秘曰毈謂壞而不化野謂朴而無禮）或問曰載使子草律（載設也草刱也　秘曰載則也）曰吾不如弘恭（咸曰弘恭與石顯皆少坐法腐

刑爲中尚書漢宣元朝專律令時詭辯以中傷人　光曰恭習律令草奏曰吾不如陳湯咸曰陳湯字子山漢成帝朝王鳳奏以爲從事中郎莫府事一皆決於湯湯明法令常受人金錢作章奏卒以此敗光曰湯善草奏曰何爲曰必也律不犯奏不剡論語曰聽訟吾猶人也必也使無訟乎此亦言當以純德化之使不犯律不剡奏也甄陶天下者其在和乎咸曰和謂剛柔得所剛則甈柔則坏甈燥也坏慢也言失和也夫陶者失剛柔之和則不成器爲政失寬猛之中則不成治　咸曰甈破瓦又破甓也怌怌恐也言陶法太剛則破裂太柔則恐弱而不能成坏一作怌　光曰坏土踈慢不黏也言甄者和土剛柔之齊太剛則破裂太柔則踈慢治天下亦猶是也龍之潛亢不獲其中矣初九潛龍勿用上九亢龍有悔　祕曰天地以中爲用是

以過中則惕九三居下卦之上過其中則夕惕也不及中則躍九四居上卦之下不及中故躍淵其近於中乎二五得中故有利見之吉光曰以其惕躍故近中愈於潛亢聖人之道譬猶日之中矣光被四表祕曰聖人之道中道也故於乾於日無不在中不及則未不及則未盛明過則昃日昃明盡言昏昧也什一天下之正什一稅民天下之中賦正法也多則桀寡則貉公羊傳曰多乎什一大桀小桀寡乎什一大貉小貉井田之田田也謂古八家是治宜也肉刑之刑刑也三千之屬是正法也田也者與衆田之咸曰示均而無并兼刑也者與衆弃之咸曰示公而無枉濫法無限則庶人

田侯田，處侯宅，食侯食，服侯服，（法制無限，則興奢侈，長僭亂。）人亦多不足矣。（僭亂既興，民多匱竭。）爲國不迪其法，（迪，蹈。）而望其效，（效，功。）譬諸筭乎？（夫筭者不運籌策，不能定其數；治國者不蹈法度，不能致其治。筭一作算。光曰：欲治而不用先王之法，譬如無財而運筭，終無益於富也。）

揚子法言卷第九

揚子法言卷第十

李軌柳宗元注宋咸吴祕司馬光重添注

重黎篇

眞僞美惡成敗存亡人君之所以御乎其下人臣之所以事乎其上不可以不察也明此以南面堯之爲君也明此以北面舜之爲臣也　咸曰夫幾神之道一貫乎君臣則至化具矣故次之先知

仲尼以來國君將相卿士名臣參差不齊患世論之不實褒貶之失中也　祕曰檢身事主賢愚逆順曾不齊一一槩諸聖咸曰或邪或正皆不齊等故救論其要一以聖人之道槩量之也　光曰經仲尼之所論者揚子不敢復措辭也譔重黎祕曰君聖臣賢邦乃其昌下陵上替天命不常得其道者不俟終日以保萬世也　光曰論古今君臣行事之得失

也

或問南正重司天北正黎司地今何僚也 司主也僚官也少皡氏衰九黎亂德帝顓頊命重黎主天地也 祕曰昔之重黎當今之世何官也曆書曰顓頊受之乃命南正重司天以屬神火正黎司地以屬民北正黎即火正黎也

曰近羲近和 堯有羲和之官王莽時亦復立焉聖王之立重黎羲和考其所以重黎羲和耳非莽所立也 咸曰莽更名大司農曰羲和羲與古殊矣揚子舉其本而譏其殊

孰重孰黎曰羲近重和近黎 羲主陽和主陰故云耳 光曰王莽置羲和及羲仲和仲官其所掌未聞

或問黃帝終始 世有黃帝之書論終始之運當孝文之時三千五百歲天地一周也 咸曰注殊不明揚之旨大非矣學者宜自思之 祕曰或言黃帝三百歲或言升龍登仙帝

王世紀史記皆有是言故問其終始曰託也假黃帝也昔者姒氏治水土而巫步多禹姒氏禹也治水土涉山川病足故行跛也禹自聖人是以鬼神猛獸蜂蠆蛇虺莫之螫耳而俗巫多效禹步扁鵲盧人也而醫多盧太山盧人咸曰扁鵲姓秦名越人夫欲讎僞者必假眞讎類秘曰讎匹也欲匹僞必以眞使人信之禹乎盧乎終始乎言皆非也於是捨書而歎曰深矣揚子之談也王莽置羲和之官故上章寄微言以發重黎之問而此句明言眞僞之分也或問渾天曰落下閎營之鮮于妄人度之耿中丞象之幾乎幾乎莫之能違也幾近也落下閎爲武帝經營之鮮于妄人又爲武帝筭度之耿中丞名壽昌爲宣帝考象之言

近近其理矣談天者無能違遠也　咸曰漢落下閎鮮于妄人耿壽昌等造圓儀以考歷度蔡邕云名天體者有三家一曰周髀二曰宣夜三曰渾天宣夜之學絕無師法周髀術數具存考驗天狀多所違失政令官不用惟渾天者近得其情今史官所用候臺銅儀則其法也揚子作太玄亦取象於渾天言渾淪而行故此明渾天之法莫之能違也　幾乎幾乎一作幾幾乎　光曰象之謂作混天儀

請問蓋　欲知蓋天圖　一作蓋天　咸曰蓋天即周髀也其本庖羲氏立周天歷度其所傳則周公受之於商而周人志之故曰周髀言天似蓋笠地法覆槃天地各中高外下北極之下為天地之中

曰蓋哉蓋哉應難未幾也　再言蓋哉者應難以事未有近其理者

或問趙世多神何也　如簡子之事非一故問之　秘曰世多神異也成公十年傳曰晉侯夢大厲被髮及地搏膺而踊曰殺余孫不義杜云趙氏之先祖也八年晉侯殺趙同趙括故怒史記趙簡子五日不知人寤曰

我之帝所與百神游于鈞天廣樂九奏萬舞不類三代之樂其聲動人心

曰神怪茫茫若存若亡聖人曼云 子不語怪亂神　祕曰神怪無實聖人無云小爾雅曼未没無也　光曰曼無也無言

或問子胥種蠡孰賢 咸曰伍子胥吴臣文種范蠡越臣問此三人誰賢

曰胥也俾吴作亂 光曰謂進專諸於闔閭使弑僚

破楚入郢 郢楚都也　祕曰子胥父奢爲楚平王太子建太傅少傅費無忌讒太子建平王殺奢并殺兄尚子胥亡後奔吴知吴公子光有内志欲殺王而自立未可説以外事乃進專諸既而公子光乃令專諸襲刺吴王僚而自立是爲吴王闔閭闔閭既立得志乃召伍員以爲行人而與謀國事六年楚昭王使公子囊瓦將兵伐吴吴使伍員迎擊大破楚軍於豫章取楚之居巢九年吴王闔閭聽子胥孫武之言以悉興師與唐蔡伐楚己卯楚昭王出奔庚辰吴王入郢

鞭尸 掘平王墓而鞭其尸

藉

館君舍君之室大夫舍大夫之室祕曰吳兵入郢子胥求
昭王既不得乃掘楚平王墓出其尸鞭之五百然後已藉
館舍室也各舍楚君大夫之室皆不由德報父兄之恥於斯則無禮祕
曰自俾吳作亂至藉館皆志在
自報其讎非用德者也謀越諫齊不式式用不能去三諫不從
於禮可去
卒眼之夫差伐越越棲會稽請委國爲臣子胥諫曰吳不
取越越必取吳又曰有吳無越有越無吳不改是
矣吳將伐齊又諫曰兵疲於外越必襲吳不聽遂伐齊反役夫
差殺之將死曰吳其亡矣以吾眼置吳東門以觀越之滅吳
種蠡不彊諫而山棲光曰責其不彊諫於未
敗至使勾踐棲於會稽俾其
君詘社稷之靈而童僕祕曰越三年勾踐聞吳王
夫差日夜勒兵將報越欲
先吳未至定伐之范蠡諫之爲未可而勾踐不聽遂興師吳王
聞之悉發精兵擊越敗之夫椒越王乃以餘兵五千人保棲會

稽之山吳王追而圍之勾踐乃令大夫種行成於吳膝行頓首請與妻爲臣妾吳王聽太宰嚭之言遂許之卒赦越罷兵而歸言蠡初諫不從二臣盡彊諫而免此敗又終弊吳祕曰勾踐後用范蠡計果大敗吳遂復棲吳王於姑蘇之山吳王使公孫雄肉袒膝行請成於越勾踐欲許之范蠡諫以爲不可吳王夫差遂自殺賢皆不足邵也邵美　祕曰三子之從師無名焉若以賢者議之俱不足高也至蠡策種而遁肥矣哉美蠡功成身退於此一舉最爲善　祕曰范蠡既去越乘舟浮海以行終不反自齊遺大夫種書種見書稱病不朝人或讒之越王乃賜種劍種遂自殺言蠡遺種書知越王可與共患難不可與共樂而遯於賢則不足可以合肥遯之義耳在易遯之上九曰肥遯無不利　光曰策謂誓之使去賢此一節或問陳勝吳廣曰亂此暴亂之人也　光曰言非有高材遠慮但首亂之人耳曰不若是則秦不亡

曰亡秦乎恐秦未亡而先亡矣夫有干越之劒者匣而藏之不敢用是寶之之至也況乃輕用其身而要乎非命之運不足爲福先適足以爲禍始　祕曰言爲權首者先亡也范曅曰夫爲權首鮮或不及陳項且猶未與況庸庸者乎或問六國並其已久矣一病一瘳迄始皇三載而咸皆屬秦也　祕曰韓魏燕趙齊楚之六國並立其久矣一盛一衰至秦始皇三載而咸按始皇即位以歲在乙卯爲元年至二十六年始并天下乃稱皇帝今言始皇三載而咸者蓋言稱皇帝後三年東行郡縣上鄒嶧山刻石頌秦功德封泰山禪梁父而天下咸一也　光曰按始皇十七年始滅韓至二十六年滅齊而天下爲一也時激地保人事乎祕曰時可取以激之乎保地勢以全之乎修人事以得之乎　光曰激當作徼徼其可取之時曰具咸曰具備也言三事備有請問事咸曰問三

事之目曰問人事　祕曰孝公以下彊兵力農以蠶食六國事也是人事也　祕曰戰國之時不修農政秦自孝公用商鞅變法修刑務耕稼勸戰死之賞罰於是遂彊蠶食六國修人事之效也保問保何等祕曰問地保曰東溝大河南阻高山西采雍梁北鹵涇垠便則申否則蟠保也采食稅也涇涇水也　咸曰賈誼云秦孝公據殽函之固擁雍州之地君臣固守以闚周室有席卷天下并吞八荒之心故憑此險固事便則可申之以取天下未便則蟠屈以堅守是亦有地保之道也　祕曰東以太河爲溝塹南以商山爲險阻西以雍梁二州爲供事北以涇水之垠爲鹵地勢便則申勢否則屈此地保也采事也書曰百里采孔云供王事而已　高山一作商山激問激者何祕曰問時激曰始皇方斧將相方刀六國

方木將相方肉激也方比　咸曰賈誼云始皇執敲朴以鞭笞天下言易也此云六國方木將相方肉者言六國與將相之勢方如木肉而始皇與將相之威方如斧刀故以斧刀而伐木肉亦易之矣此亦時激之道也　光曰始皇欲斲喪諸侯方如斧而諸侯愚昧方如木秦之將相銳於功利方如刀而諸侯將相懦弱方如肉故始皇所以能兼天下者適丁是時也或問秦伯列爲侯衛在外候望羅衛天子　咸曰秦伯謂秦襄公也周平王東遷秦襄始列爲諸侯卒吞天下而赧或爲赧曾無以制乎咸曰赧周赧王也言秦自襄公始爲諸侯由孝公以來益彊至始皇六世卒吞二周而并天下蓋亦一朝一夕之故何赧王曾無畫以制之乎　光曰侯衛略舉九服遠近曰天子制公侯伯子男也庸節庸以也節度也　咸曰庸用也言天子用禮節以制馭五等諸侯各有其序節莫差於

僭咸曰言五等之禮各有序不可僭禮之差失者莫大於僭僭莫僭於祭咸曰僭之大者莫大於僭祭祀祭莫重於地地莫重於天既盜土地又盜祭天祕曰天子得祭天地則襄文宣靈其兆也始於四公以來者言周之衰非一朝一夕矣、祕曰僭兆已見昔者襄公始僭西時以祭白帝文宣靈宗興鄜密上下用事四帝而天王不匡反致文武胙宗尊也文公起鄜時宣公起密時靈公起上下時　咸曰秦襄公居西垂自以爲主少皞之神作西時祠白帝文公東獵汧渭之閒卜居之而吉夢黃蛇自天下屬地其口上於鄜衍史敦曰此上帝之祥君其祠之遂作鄜時也至宣公作密時於渭南祭青帝也其後靈公作吳陽上時祭黃帝作下時祭炎帝也此言秦自襄公以來因周之衰已僭天子之禮用事於白帝青帝黃帝炎帝四帝矣而周之微弱不能正之反致文王武王膰胙於秦也故太史公曰秦雜戎狄之俗位在藩臣而臚於郊相君子懼焉如是則制公侯伯子男之禮何節之有哉　一本天王作天下

是以四疆之内各以其力來侵攘肌及骨

咸曰肌喻遠骨喻近言當是之時周巳衰極諸侯彊大四境之内各以兵力來侵遠削而至於近矣

而赧獨何以制秦乎

人之迷也其日固巳久矣數世之壞非一人之所支也　咸曰周自平王下衰加之嬴秦累世彊暴至始皇卒滅之所謂大樹將顛非一繩所維豈赧王可制乎　祕曰周平王東遷秦僭天子之禮至顯王四十四年秦惠王稱王其後諸侯皆為王四十八年顯王崩子慎靚王立六年崩子赧王立至秦昭襄王五十一年使將軍摎政西周赧王頓首自歸盡其邑三十六城口三萬秦王受獻而歸其君於周明年九鼎入秦周遂亡豈赧之世獨能制之乎　光曰攘取也

或問嬴政

二十六載天下擅秦嬴秦姓政始皇名　咸曰始皇莊襄王子也莊襄王卒政立爲秦王當是之時秦地巳幷巴蜀漢中越宛有郢北收上郡以東河東太原上黨郡東至滎陽滅二周置三川郡矣至二十六年使將軍王賁從燕南攻齊得齊王建始幷天下故云二十六載擅秦也

秦十五載而楚楚項羽　咸曰始皇自幷天下後十二年卒胡亥立三年爲趙高閻樂所殺子嬰立四十六日而項羽號西楚霸王故云十五載而楚

楚五載而漢咸曰項羽爲[illegible]一二[illegible][illegible]王主命分天下後五年而定[illegible][illegible]侯故云五載而漢

十載之際而天一三[illegible][illegible]邪人邪　咸曰言自始皇幷天下至漢高祖元年纔四十六[illegible][illegible][illegible]人一三專於人其天命邪人事[illegible][illegible][illegible]

曰具備有之也　祕曰天數人事相符默定

周建子弟列[illegible][illegible][illegible][illegible][illegible][illegible]流之十二當時

雖欲漢得乎 咸[illegible][illegible]周之[illegible]侯伯子男五等爵封建子弟也[illegible]有二[illegible]故夾輔王室而無患雖欲擅漢不可得也 祕曰由封兄弟之國十五人姬姓之國四十人班五等諸侯之爵暨乎居[illegible]諸侯[illegible][illegible]下二國當是之時高皇無尺土之階雖欲擅漢其可得乎 六國蚩蚩爲嬴弱姬卒之屛營嬴擅其政故天下擅秦 卒終也之至也 咸曰蚩蚩無知也言六國無知皆危弱於周徒爲秦終專其政以并天下也 祕曰解嘲曰離爲十二合爲六七秦稱富彊故六國之衆皆爲秦而弱周終然危懼故秦專其政以擅有天下屛營猶經營也李周翰曰屛營迴惶也 光曰屛營猶旁皇失據之貌言六國相與陵弱周室適足爲秦開兼并之資終自失據爲秦所滅使秦得專據天下 秦失其猷罷侯置守守失其微天下孤睽 睽猶乖離 咸曰猷道也言秦之失道罷諸侯之制分爲

三十六郡以置守尉而守尉無防微之援天下遂至孤獨睽乖祕曰秦患周之敗以爲起於諸侯力爭以弱見奪於是削去五等罷諸侯之制分三十六郡而置郡守守失其道專任刑法無維城之固則天下孤睽矣書曰道心惟微班固曰秦據勢勝之地騁狙詐之兵蠶食山東一切取勝因矜其所習自任其私智㛐笑三代蕩滅古法竊自號爲皇帝而子弟爲匹夫內亡骨肉本根之輔外亡尺土藩翼之衛　光曰秦雖置守又使御史監郡務弱其權守權既微孤立於上不能制民民苦其賦役故相乖離殺守而爲盜由守素微弱故也

項氏暴彊改宰侯王故天下擅楚咸曰言秦既亡是時項羽兵最彊故專命改制諸侯王　光曰宰割也

擅楚之月有漢創業山南發迹三秦追項山東故天下擅漢天也山南漢中也三秦雍翟塞也　咸曰項羽既立爲西楚霸王王梁楚地九郡都彭城更立沛公

爲漢王王巴蜀漢中四十一縣都南鄭三分關中立秦三將章邯爲雍王都廢丘司馬欣爲塞王都櫟陽董翳爲翟王都高奴於是各就國漢王至南鄭士卒皆思東歸故韓信因陳楚可圖三秦易幷之計遂東嚮定三秦追羽於山東因專天下由是數事兼之非天也　光曰言周秦楚漢一廢一興皆天命使然非專人事

人

問人事者何也　祕曰獨問人事

曰兼才尚權右計左數動謹於時人也

咸曰兼用也尚尊也右上也左下也言秦楚漢之成敗或用其才良或尊其權變或上其計策或下其奇數雖皆謹於時然所取之異故一亡一興此乃人事也　祕曰雖人事亦須謹愼於時後動也　光曰兼才謂總擥天下之英材右計左數言離計數之中

天不人不因人不天不成

天人合應功業乃隆　祕曰天命因其人而興之其人非受天命亦無所成天命天數皆天也書曰天之曆數在汝躬詩曰周雖舊邦其命維新　光曰天之禍福必因人事之得失人之成

敗必待天命之與奪或問楚敗垓下方死曰天也項羽爲高祖所敗於垓下臨死歎曰非我用兵之罪乃天亡我諒乎信如羽之言否邪曰漢屈羣策羣策屈羣力屈盡也　咸曰言漢能屈己以用羣臣之策羣臣能屈己以悅羣士之力故勝也　光曰羣策無能出漢之右者故曰漢屈羣策羣力爲羣策所制故曰羣策屈羣力楚憞羣策而自屈其力憞惡也　咸曰有一范增不能用是惡羣策而徒屈己以自用其力故敗也　光曰既廢羣策而不用是自屈其力也屈人者克克勝自屈者負負敗天曷故焉言無私親惟應善人　咸曰言楚之士自取耳　光曰言何預天事或問秦楚既爲典命矣典主也　光曰爲天主號令秦縊灞上楚分江西興

廢何速也咸曰言秦雖兼天下楚雖暴立但爲天掌其命以擇賢主耳故其興之忽也廢之速也秦謚瀛上者謂沛公十月至瀛上子嬰係頸以組而降也故謂之謚楚分江西者分敗也羽與江東子弟與兵卒敗於垓下以江東言之故謂之西也　光曰分謂身首五分曰天胙光德而隕明忒天之所福光顯有德而令隕之者明乎秦楚慝惡之所致　秘曰昭德者天福胙之令長彰惡者天隕越之令短　光曰忒作慝惡也光德謂德之昭融者明慝謂惡之顯著者昔在有熊高陽高辛唐虞三代咸有顯懿一作顯德　咸曰有熊少典之子黃帝也高辛黃帝之曾孫帝嚳也故天胙之爲神明主且著在天庭咸曰天庭謂天帝之庭猶皇階帝籙之義是生民之願也厥饗國久長神明主郊祀　秘曰天福胙之爲天地神明之

主其顯德昭著在天帝之庭是生民之願合乎民心故饗國長久 顯懿一作顯德 光曰著在天庭猶云簡在上帝之心言五帝三王以明美之德故爲天所祚人所愛而久長 若秦楚彊閱震撲胎籍三正播其虐於黎苗 咸曰閱很也胎藉猶暴侮也 祕曰閱鬭也撲猶言擊也胎始也藉狼藉也謂亂也三正天地人也胎藉猶言傲擾也黎苗九黎三苗也布其虐甚於九黎之亂德三苗之不恭 光曰胎蹋黎苗民也 子弟且欲喪之 咸曰子弟至親亦欲其喪亡 況於民乎況於鬼神乎廢未速也 不道早亡[illegible]曰[illegible] 不仁無親一不祉宜速 或問仲尼大聖則天曷不胙 胙主[illegible] 胙之爲祉明王 曰無土 言無土地可因 然則舜禹有土乎 祕曰舜禹本亦無土 曰舜以堯作土禹以舜作土 道貴順理動無常因

也因土以行化湯文也因聖以登禪舜禹也上無舜禹之時下無湯文之土故不胙[illegible]秦遂之胙非所以爲胙也或問聖人表裏表裏內外曰威儀文辭表也德行忠信裏也明乎[illegible]一而二或問義帝初矯矯立　咸曰義帝楚懷王之孫心也胡亥二年沛公與項梁並立爲楚懷王至漢元年項羽陽尊爲義帝實堪用其命故云初矯　光曰矯舉也初舉兵劉龕南陽劉高祖龕取也項救河北項羽二方分崩一離一合設秦得人如何設假　咸曰言義帝初立時關中既分爲三秦而楚項又各歸一方當此之際設令秦尚有人復起如何也　祕曰假若義帝如初矯立而使劉漢戡定南陽項羽得救河北二方爭戰一離一合設使秦尚得人以關中待之如何義帝楚懷王孫心也沛公項梁共立之以從民望是矯也漢王始都南鄭屬山南

西道而連南陽在山南東道項羽都彭城屬河南道而連河北道或人以其地勢言之曰人無爲秦也喪其靈久矣非一朝一夕也祕曰天下叛秦秦喪其社稷之靈已久矣光曰天下怨怒莫爲之用韓信黥布皆劒立南面稱孤卒窮時戮無乃勿乎窮極咸曰卒盡也言當是之時韓信方爲漢黥布方爲楚其鋒鋩如劒之立而秦欲再起南面稱孤以盡窮時戮無乃不可乎勿猶不也言不可也祕曰時是也韓信封楚王黥布姓英氏封淮南王二王皆無其德徒以戰鬬立功使左右劒立南面稱孤終窮於是而見戮無乃勿爲王其愈乎劉昭曰自天子至于庶人咸皆帶劒故蕭何劒履上殿是也光曰信布以匹夫杖劒自立雖暫貴而禍辱隨之不若始者勿爲或曰勿則無名如何咸曰言不然則爲秦臣者無功名如何曰名者謂令名也祕曰

夫貴名者善名也忠不終而躬逆焉攸令咸曰令善也焉安也言所謂名
者宜立善名也當此之時欲效其忠以爲秦且忠未盡而身巳見害爲之逆矣安可謂善哉　祕曰二王皆忠不終而躬爲反
逆焉有令名或問淳于越曰伎曲咸曰淳于越齊人爲秦博士謂始皇曰殷周之
王千餘歲封子弟功臣自爲枝輔今陛下有海內而子弟爲匹夫卒有田常六卿之臣無輔拂何以救哉事不師古而能長久
者非所聞也此問越之道如何而揚以爲伎曲言有伎有曲也請問咸曰問伎曲之目曰始皇方
虎捌而梟磔噬士猶腊肉也越與亢眉終
無橈辭可謂伎矣有才伎也　咸曰虎捌梟磔言暴也噬士猶腊肉言酷也興起也當
是時始皇暴酷如此而越敢起而亢舉其君以言封建之事其辭無橈可謂有才伎也　一本越與作越輿仕無

妄之國易有无妄卦此亦依義取譬祕曰按易無妄具乾道四德而秦世稱之者蓋無妄匪正也言秦不以正道而決行於世詎免乎災眚若天下雷行而不以正道天命不祐行矣哉食無妄之粟分無妄之橈自令之間而不違可謂曲矣橈橈時策也自令與始皇併心爲無道咸曰橈亂也自令謂自使令也違去也言秦亡道如是而越自使令之間不能違去於秦以高飛遠引徒欲分解其亂雖能彊言封建之事亦曲矣祕曰越事秦暴虐必行之國祿其粟受其亂自始皇下令之間又不能違而去之是曲已李斯謬其説請有文學詩書百家語者蠲除去之令到滿三十日弗去黥爲城旦橈亂也或本作鮑

或問茅焦歷井幹之死使始皇奉虛左之乘始皇以嫪毒事幽母咸陽宮諫者輙殺於井幹闕下茅焦歷井幹之死而諫始皇即駕輿執轡虛左親迎其母蔡

生欲安項咸陽不能移又亨之其者未辯與項羽欲東還下邳蔡生説使都咸陽既不能移又爲所亨案漢書云韓生揚子云蔡生未詳韓蔡未知孰是　咸曰亨當作烹字之誤也言韓生説羽既不能移又爲羽所烹殺也未辯者言韓生未能善辯使其都咸陽以免其殺　光曰史記作蔡生光謂井幹謂始皇殺諫者二十七人積尸闕下如井幹之狀言茅焦能移始皇暴怒之意者以其辯也蔡生不能移項羽或者未辯與

曰生捨其木侯而謂人木侯亨不亦宜乎咸曰生謂韓生木侯當作沐猴亨亦當作烹也項羽既殺子嬰燒其宮室收寶貨婦女而東韓生説羽曰關中阻帶山河四塞之地肥饒可都之項羽見秦皆以燒殘又懷東歸曰富貴不歸故鄉如衣錦夜行韓生曰人謂楚人沐猴而冠果然羽聞之乃斬韓生此言項羽之暴久矣韓生説之都咸陽既不能移即當自引反謂人爲沐猴雖見烹亦宜矣　祕曰生既知羽如

沐猴捨而去之可也乃謂人明言其沐猴而見亨不亦宜乎蓋不能危行言遜也　光曰言蔡生知項羽暴伉素不爲羽所知信獻策不用又從而訕之是自有沐猴之狂也易曰君子安其身而後動易其心而後語

焦逆訐而順守之雖辯劘虎牙矣

逆意而諫順義而守可謂辯矣然劘近虎牙言其殆也

祕曰劘義如摩焦所諫皆逆其意而訐其事所守皆陳母后之大義至順之理辯則辯矣譬猶摩虎牙也言無位而廷諫覆危之道也　光曰直數其惡是逆訐勸之以孝入之以忠是順守

或問甘羅之悟呂不韋張辟彊之覺平勃皆以十二齡戊良乎

甘羅戊之孫也以張唐之相燕割趙事發悟呂不韋也辟彊張良之子也以孝惠崩呂太后哭不哀事覺悟陳平周勃也言此之時各年十二欲知自出其意爲復戊良教之乎　祕曰甘羅甘戊孫也以請張唐相燕及先報趙事悟呂不韋辟彊張良之

子也以孝惠崩吕太后哭不哀事覺陳平周勃皆十二歲豈甘戊張良爲之祖父使之然乎　光曰以甘戊之孫張良之子故能如此其慧乎

曰才也戊良不必父祖　天才自然發其神心無假祖父　祕曰人之生天與之才譬如戊良非假父祖使之然也　光曰言祖孫父子材性不必相類

或問酈食其說陳留下敖倉說齊罷歷下軍何辯也韓信襲齊以身脂鼎何訥也曰夫辯也者自辯也如辯人幾矣　幾危也小有才猶未聞君子之大道也斯足以殺其軀而已非長生久視之道　咸曰食其說沛公以陳留天下之衝又願收滎陽據敖倉之粟又說齊王田廣七十餘城已下矣而韓信爲蒯通所說忌其憑軾之功遂乃夜渡兵平原襲齊是使齊王疑食其賣己乃烹之當是之時非食其之不能辯勢之然也何哉夫前

與之和後暴之兵安使廣之不疑哉今揚之意言君子之所謂辯者當以正諫之道自辯其身如仲尼之於衰周孟軻之於戰國耳若夫以辯說人則猶商君應侯之徒矣不亦危哉蓋恥之

祕曰幾近也夫辯者辯其禮樂之所歸行之而爲君子也如事談說以辯於人不亦幾乎脂鼎哉　光曰辯者以辯自明其志則可矣若恃其辯欲以欺誘它人此危事也

或問蒯通抵韓信不能下又狂之　蒯通說韓信令左漢右楚鼎足而立不能下之佯狂弃走　祕曰蒯通說韓信使三分天下鼎足而立信不忍背漢遂謝通通說不聽惶恐乃陽狂爲巫抵擠也謂其談說若擠排使之　光曰信既不用其策又陽狂爲巫言亦未辯

曰方遭信閉如其抵　信盡忠高祖若門戶之閉無巇隙也

曰巇可抵乎　祕曰巇嶮巇也言若設巇嶮之詐謀以動之其可抵乎

曰賢者司禮小人司巇況拊鍵乎　咸曰司伺也拊

拍也言賢者伺見禮制則動小人伺見巇隙則作況拍去闗鍵乎 祕曰司主也賢者所主人事使人惟禮是視不爲小人巇嶮之謀況信拍鍵而閉之乎言不可爲也拊拍也鍵鍵籥 光曰鍵籥匙也賢者見有禮則從之小人見釁隙則抵之抵巇猶不可況閉戶無隙而欲拍鍵彊入乎

或問李斯盡忠胡亥極刑 光曰太史公語忠乎 光曰斯可謂盡忠乎 曰斯以留客 秦甞欲逐諸侯之客斯上書以爲不可秦聽之是一事忠 至作相 祕曰李斯楚上蔡人也斯嘆曰吾以忠死宜矣而二世夷其三族此果忠乎始以逐客上書遂留之以至丞相言其信重 光曰因上書留客爲秦王所知始用事以至爲丞相 用狂人之言從浮大海立趙高之邪說廢沙丘之正阿意督責焉用忠 始皇信妖言東浮滄海斯爲宰相不能諫止而從行及始皇崩於沙

丘斯納趙高之計矯廢扶蘇而立胡亥胡亥既立縱暴斯諫之而見怒恐誅乃作督責之書以阿二世之意此諸事皆非忠直也　光曰於此數事皆不忠欲於何所用其忠乎　**霍**　漢大將軍霍光　以斯非忠請問霍光忠乎　祕曰或人　**曰**

始六之詔　祕曰武帝以光行周公之事輔少主昭帝既立始元六年詔郡國舉賢良文學之士遂罷郡國榷酤關内鐵於是利復流下庶人休息　李本作始六世之詔音義曰天復本作始元之初　**擁少帝之微**　祕曰昭帝立年八歲政事一決光班固曰擁昭立宣　**摧燕上官之鋒**　祕曰始六之明年燕剌王旦上官桀等謀反皆誅滅之班固曰摧燕王仆上官　**處興廢之分**　祕曰昭帝十三年而崩無嗣光乃議迎昌邑王賀立二十七日行淫亂一千一百二十七事光白太后廢昌邑王而立宣帝班固曰處廢置之際臨大節而不可奪　**堂堂乎忠難矣哉**　祕曰光茲數事之忠堂堂乎它人之所難行哉

光曰始元昭帝年號也興廢謂廢昌邑王立宣帝堂堂勇貌言此皆霍光忠於社稷之事人所難能至顯不終矣顯光之夫人名也毒殺許皇后後光心知之而不討賊祕曰光夫人東閭顯使淳于衍毒殺許皇后因勸光納小女成君爲后及光死後語泄上始聞之後奪霍禹等印綬終至弃市光曰光知妻顯爲邪謀而隱蔽不言忠不終矣

或問馮唐面文帝得廉頗李牧不能用也諒乎祕曰馮唐爲郎面對文帝曰主臣陛下雖有廉頗李牧不能用也信文帝不能用乎曰彼將有激也親屈帝尊信亞夫之軍至頗牧曷不用哉馮唐所知魏尚者爲雲中守擊匈奴有坐欲諫之故激文帝耳非平談也祕曰唐知雲中守魏尚擊匈奴有坐欲以激文帝耳至于不入細柳信亞夫之軍豈不能用頗牧哉光曰面謂面折德用士則聞之矣於德

又何如光曰問文帝之德曰罪不孥止罪其身不收入妻孥宮不女出宮人嫁之令無怨曠館不新仍舊制也陵不墳葬於霸陵因山不起墳或問交曰仁祕曰仁者不弃其交光曰惟仁人之交不以利勢而以德義問餘耳陳餘張耳曰光初有始無終祕曰餘耳相與爲刎頸之交後有隙卒相滅亡故曰光初班固曰勢利之交古人羞之蓋謂是矣竇灌曰凶終竇嬰灌夫甚相親友不勝相助犯觸田蚡並皆罹禍光曰竇嬰灌夫之交雖不變其初然終以朋黨陷於大戮亦不足貴也君子義之與比或問信曰不食其言爲僞祕曰孔安國曰食盡其言僞不實請人曰晉荀息祕曰僖公九年傳曰初獻公使荀息傅奚齊公疾召之曰以是藐諸孤辱在大夫其若之何稽首而對曰臣竭其股肱之力加之以忠正其濟君之靈也不濟則以死繼之及

里克殺奚齊卓子荀息死之

趙程嬰公孫杵臼

祕曰晉景公三年大夫屠岸賈殺趙朔趙同趙括趙嬰齊皆滅其族朔妻成公姊也有遺腹子走公宮匿程嬰杵臼曰不死卒保趙孤於山中景公卒與韓厥謀立之即趙武也子雲稱履信之人據司馬遷而言也案成公八年傳晉趙莊姬爲趙嬰之亡也曰原屏將爲亂欒郤爲徵六月晉討趙同趙括武從姬氏畜于公宮以其田與祁奚韓厥言於晉侯曰成季之勳宣孟之忠而無後爲善者懼矣乃立武而反其田由是觀之趙武之立曾不逾歲謂之遺腹遷之妄也

秦大夫鑿穆公之側

此章全論不食言之德　祕曰秦大夫子車氏奄息仲行鍼虎皆秦之良也穆公卒以爲殉言此三良皆穆公未即命時語以從死至葬則鑿其塚壙之側以死之詩曰臨其穴是也左傳譏之者譏穆公也至三良則不食其言者也

問義

旣聞諸賢之信又問於義誰得

曰事得其宜之謂義

義者得死之宜也不得死生之宜者非義也若

程嬰杵臼兼乎信義也秦晉大夫可謂重食言之信蹈義則未也　咸曰行而宜之之謂義言仁智禮信之事行之得其宜乃合於義檀弓曰陳乾昔寢疾屬其兄弟而命其子尊己曰如我死必大爲我棺使吾二婢子夾我陳乾昔死其子曰以徇葬非禮也況又同棺乎弗果殺茲得其宜也　光曰程嬰自殺以報公孫杵臼劉向以爲過恐亦未盡其宜

或問季布忍焉可爲　季布爲項羽將嘗困高祖高祖旣立購之千金困迫乃爲奴賣於魯朱家　祕曰季布楚人也項籍使將兵數窘漢王項羽滅高祖購求千金困迫乃爲奴賣與魯朱家　光曰季布勇者乃至髡鉗爲奴安能忍恥如此

曰能者爲之明哲不爲也　言能忍辱貪生者乃爲之　祕曰進退必以禮義　光曰有才能自惜其死欲有所施如管仲季布者則爲之君子旣明且哲以保其身則不然

或曰當布之急雖明哲如之何曰明哲不終項仕如

終焉攸避　苟患失之無所不至　咸曰言明哲者見於未萌識於未兆觀項羽之庸烏終仕之哉如終仕之乃非明哲矣如是則當其急也安可避耶　祕曰不終項仕猶言終不仕項言項羽不師古而奮私智謂之明哲豈終仕之哉如果有明主而終仕之安避其難　光曰明哲必知項羽之終不可輔而早去之若終仕羽羽敗當死之復安所避乎

或問賢曰爲人所不能請人曰顏淵黔婁四皓韋玄　顏淵簞瓢不改其操黔婁守正不邪死而益彰四皓白首高尚其事韋玄漢丞相賢之少子也賢薨玄當襲封被髮佯狂欲以讓兄或曰擬人必於其倫顏子至賢其殆庶幾黔婁四皓既非其儔況以韋玄不亦甚哉釋曰顏淵之賢備體之賢韋玄之賢一至之賢王莽篡天下而韋玄讓一家於是乎賢耳亦猶論德行稱顏淵閔子騫冉伯牛仲弓凡此數子豈必皆與顏淵俱盡至賢之道哉韋玄一作韋玄成光曰顏淵黔婁安貧四皓輕祿而重禮韋玄成讓爵皆人所不

能問長者曰藺相如申秦而屈廉頗欒布之不塗朱家之不德直不疑之不校韓安國之通使相如申理於秦王屈意於廉頗義在史記欒布爲梁大夫奉使行高祖誅梁王彭越布使還報命首下哭而祠斂之也朱家以季布有阨見滕公得解其急也而不使布知又終身不復見布直不疑甞爲郎三人同室一人有金一人急歸誤持金去主意不疑不疑買金償之其後誤持金者還之主乃明之又謗其淫嫂而無兄亦不自明也韓安國梁孝王之内史時景帝疑梁王梁王大懼安國稱病去官陰往長安因長公主以解王事　光曰音義曰不塗作不倍光謂塗當作渝變也

或問臣自得咸曰忠而正乃臣之自得也　秘曰何以全臣之節曰秘曰揚恐不諭舉其人以明之石太僕之對金將軍之謹張衛將

軍之慎丙大夫之不伐善丞相石慶嘗爲太僕時御上問輿中馬幾匹太僕以策數之畢對曰六匹金將軍名日磾爲人謹慎目不忤視數十年張衞將軍名安世爲人周密重慎丞相丙吉宣帝少時以巫蠱事嘗在獄中吉常救護又養視有恩紀而終不言官至御史大夫乳母述之然後乃知封博陽侯請問臣自失咸曰邪而私乃臣之自失也曰李貳師之執貳田祁連之濫帥韓馮翊之愬蕭趙京兆之犯魏貳師將軍李廣利說劉屈氂立昌邑王爲太子二心不端武帝疑之遂降匈奴祁連將軍田廣明爲宣帝擊匈奴不到質淫婦人也韓馮翊名延壽愬御史大夫蕭望之與廩犧爲姦而焚其廩也趙京兆名廣漢疑魏丞相夫人殺傅婢圍捕之而皆無實反獲其罪也

或問持滿曰扼扼欹器在魯桓公廟者欲人推心當如此器戒之扼一作抳欹咸曰抳

抑也猶抑損之也言持滿者當自抑損以正其欹不然則覆矣祕曰扼亦持也魯桓公之廟有欹器曰宥坐之器虛則欹中則正滿則覆持滿如持欹器也

揚王孫倮葬以矯世悼厚葬也事見漢書　祕曰揚王孫孝武時人學黃老之術報祁侯曰蓋聞古之聖王緣人情不忍其親故爲制禮今則越之吾是以臝葬將以矯世也曰

矯世以禮祕曰若用過乎儉喪過乎哀倮乎如矯世則葛溝尚矣古者未知喪送之禮死則裹之以葛投諸溝壑若王孫之矯世此事復尚爲之矣言不可行也孝子仁人必有道以掩其親賢人君子必卒禮以正其俗　光曰尚上也言君子矯世當以禮乎當以倮乎若欲爲已甚以矯世則莫若效古葛溝者爲上矣何以葬爲

或問周官曰立事咸曰制三百六十官可謂立事矣　光曰設官分職以治萬事

左氏曰品藻咸曰左氏隨事稱君子曰以論其善否皆得其當可謂品藻矣　祕曰左

氏品藻是非而聖人之褒貶彰矣　光曰品第善惡藻飾其事

太史遷曰實録

不虛美不隱惡　咸曰遷採春秋尚書國語戰國策而作史記其議事甚多疏畧未盡品藻之善故揚雄稱實録而已蓋言但能實録傳記之事也　祕曰本傳曰自劉向揚雄博極羣書皆稱遷有良史之材服其善序事理辯而不華質而不俚其文直其事核不虛美不隱惡故謂實録蓋言其序事而已　光曰記事而已

揚子法言卷第十

五福五代堂古稀天子寶

八徵耄念之寶

太上皇帝之寶

宋板揚子法言

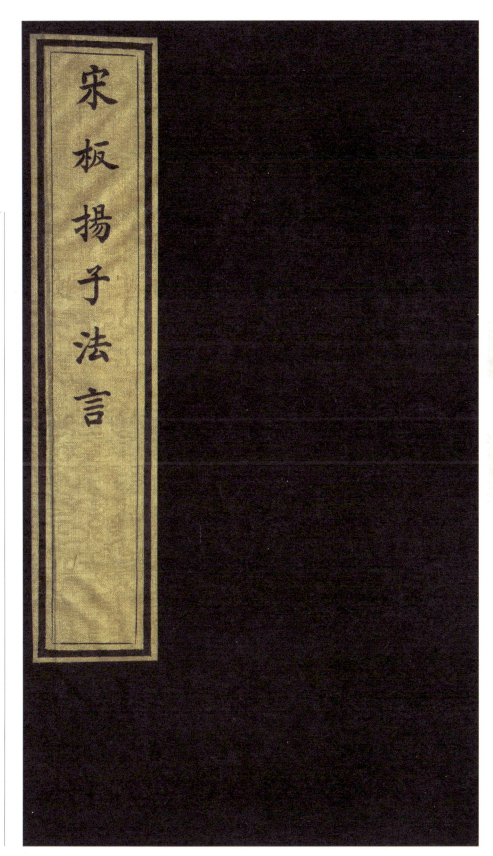

五福五代堂古稀天子寶

八徵耄念之寶

太上皇帝之寶

揚子法言卷第十一

李軌柳宗元注宋咸吴祕司馬光重添注

淵騫篇

咸曰以君臣者率迪淵騫之行則可勝道哉故次之重黎

仲尼之後迄于漢道光曰迄至也迄一作訖德行顏閔股肱蕭曹爰及名將尊卑之條稱述品藻定其差品及文質也　咸曰品歷世之臣貴爲不少矣然以淵騫爲不可及而冠章首有意哉子雲也有以知長爵之達弗逮乎廣道之尊乎或云是篇與重黎共序然漢書有之疑非揚辭而班固實之未知其據焉　祕曰論漢道以仲尼之後蕭曹名將以德行顏閔所以爲品藻也　光曰尊卑謂才德高下

譔淵騫祕曰聖人之道豈不大哉賢哲所得名有

差品一本無此序　宗元曰按漢書淵騫自有序文語俗近不類蓋後人增之或班固所作

或問淵騫之徒惡乎在　祕曰據顏淵子騫之徒已没　光曰問今世何無其人

曰寢　咸曰孔子云由也升堂矣未入於室也寢亦室也言游夏諸子在室明入聖人之奧者也　一本作在寢　祕曰在當爲不字之誤也名愈彰而道愈隆故曰不寢　光曰顏淵子騫之才今亦有耳但寢伏不爲人所知

或曰淵騫曷不寢　咸曰言游夏之徒尚在室而淵騫二子奚不然　祕曰淵騫非有文章著世何爲不寢

曰攀龍鱗附鳳翼巽以揚之勃勃乎其不可及乎如其寢如其寢　咸曰夫入室見奧尚可至焉如顏則與聖人高飛冥冥而絕者也其可慕乎故孟子云子游子夏子張皆有聖人之一體閔子顏淵則具體而微揚子之論在於是耶巽風也勃勃輕迅貌

祕曰淵騫得聖人而師之譬如攀龍鱗附鳳翼巽風以揚之勃勃然而興後之人不可及也如何其寖言其道愈不寖也　光曰揚發揚也如其寖言其不可寖伏也

七十子之於仲尼也日聞所不聞見所不見文章亦不足爲矣

咸曰揚以門人爲三品論之也言淵騫爲其絕游夏之黨得其奧七十子亦被其淳道矧文章末業耳何難爲哉　祕曰非止淵騫也至于七十二子皆日有聞見所以學爲賢哲君子也至於文章何足爲哉文章謂若卜商序詩曾參孝經之類史記曰孔子以曾參能通孝道故授之業作孝經　一本作七十二子　光曰言遊孔門者務學道德不事文章

君子絕德小人絕力或問絕德曰舜以孝禹以功皐陶以謨非絕德邪

是皆德之殊絕祕曰冠乎上世

力

絕力者何祕曰問絕力

秦

悼武烏獲任鄙扛鼎抃牛非絶力邪此等皆以多力舉重崩中而死所謂不得其死然　祕曰秦悼武秦惠王之子也武王有力好戲力士任鄙烏獲孟說皆至大官王與孟說舉鼎絶臏而死抃牛亦多力也呂氏春秋曰逐擒推移大犧高誘云桀多力能推移大犧因以爲號　光曰抃牛謂以兩牛相擊如抃手狀

或問勇曰軻也曰何軻也曰軻也者謂孟軻也若荆軻君子盜諸　祕曰荆軻衛人也爲燕太子刺秦王以君子之道類之則大盜耳　光曰比諸盜賊

請問孟軻之勇曰勇於義而果於德不以貧富死生動其心於勇也其庶乎　或人之問勇若衛靈公之問陳也仲尼荅以俎豆子雲應以德義　祕曰養浩然之氣勇之大者　光曰

孔子曰見義不爲無勇也

魯仲連傷而不制

高談以救時難功成而不受祿賞　咸曰仲連齊人不肯仕好持高游於趙秦軍圍邯鄲魏使新垣衍說趙王尊秦昭王爲帝仲連挫之垣衍不敢復言秦將聞之爲却軍五十里遂引而去平原君欲封之仲連遂辭而去終身不復見傷猶倨慢也制猶整肅也言仲連倨慢爵利不能整肅於官事也　傷一作傷制作制

藺相如制而不傷

好義崇理屈身伸節輔佐本國繫時之務也　咸曰藺相如趙人相趙惠王與秦昭王會澠池既罷歸以相如功大拜爲上卿位在廉頗之右頗羞不忍爲之下宣言曰我見相如必辱之相如聞之常引車避匿嘗曰顧吾念彊秦所以不敢加兵於趙者徒以吾二人在也今兩虎共鬭其勢不俱生吾所以爲此者以先國家之急而後私讎也廉頗聞之肉袒負荆至相如門謝罪此言藺相如自屈如是欲整肅於官事而不倨慢於爵利也　光曰蕩謂逸其身心制謂拘於祿位仲連不以富貴動其心而未能忘死生相如不以死生動其心而未

能忘富貴故云然

或問鄒陽

祕曰鄒陽去吳之梁然否

曰未信而分疑忼辭免罿幾矣哉

鳥罟謂之罿猶人之縲紲幾危也獄中出慷慨之辭由得以自免亦已危矣　咸曰鄒陽事漢景帝弟梁孝王爲羊勝公孫詭所疾而讒之孝王怒下陽吏將殺之陽從獄中上書孝王立出之卒爲上客未信而分疑者言未爲梁王所信方爲其所疑雖能分解以免固亦危矣　光曰孔子稱信而後諫未信則以爲謗已也陽初仕梁未爲孝王所信而深言以觸機事取孝王之疑故曰未信而分疑

或問信陵平原孟嘗春申益乎

祕曰信陵君魏無忌魏安釐王異母弟也平原君趙勝趙之諸公子趙惠文王弟也孟嘗君田文齊威王孫也春申君黃歇楚人也問有益於國乎

曰上失其政姦臣竊國命何其益乎

當此四君之時實皆有益於其國而揚子譏之者蓋論上失其政故辯明之

祕曰進賢育善權在國君而四君專之故曰竊國命　光曰洪範曰臣無有作福作威四豪聚私黨以專國政故曰姦臣竊國命

樗里子之知也使知國如葬一作知葬則吾以疾爲蓍龜疾者樗里子之名死葬豫言後當有兩天子宮夾我果如其言使其策筭國事如之則吾以疾爲蓍龜者有爲有行動而問焉　祕曰樗里子名疾秦惠王之弟有滑稽多智秦人號曰智囊卒葬于渭南章臺之東曰後百歲當有天子之宮夾我墓至漢興長樂宮在其東未央宮在其西言使其知國家未來之安危亦如知葬則其神智如蓍龜

周之順赧以成周而西傾咸曰昔周武王都於鎬京謂之宗周即西周也至幽王以犬戎亂平王東遷于洛即周公所營之王城是謂成周亦曰東周也秦都咸陽在西而赧王爲秦所滅故曰西傾　光曰宋吳作周之傾赧音義曰諸本皆作順赧順靚王及赧王也俗本作傾誤也史記作愼靚王索隱作順靚王或是愼轉爲

順

秦之惠文昭襄以西山而東并祕曰周顯王四十四年秦惠文始稱王至昭襄王五十一年乃滅周時秦都雍州西山在焉而東滅周故曰東并本紀曰文公卒葬西山孰愈咸曰問西傾東并誰優　祕曰或者以子雲不與秦故問西傾東并誰爲優曰周也羊秦也狼咸曰周衰弱如羊秦彊暴如狼然則狼愈與光曰問彊猶勝於弱乎曰羊狼一也過猶不及兩不與也　咸曰言周以不道而弱秦以不道而彊彊與弱雖異而不道一也　祕曰夫湯武革命順乎天而應乎人者以道德易暴亂者也今秦以暴虐易微弱而民不安堵何愈之有或問蒙恬忠而被誅忠奚可爲也曰壍山堙谷起臨洮擊遼水力不足而死有餘忠不足相也

相助也雖盡一身之節而殘百姓之命非所以務民之義死一作冤　咸曰秦巳并天下乃使蒙恬將三十萬衆北逐戎狄收河南築長城起臨洮至遼東延袤萬里又始皇欲遊天下乃使蒙恬通道自九原抵甘泉塹山堙谷後始皇卒胡亥立與其弟蒙毅爲趙高所害吞藥而死司馬遷謂蒙恬所爲秦築長城亭障塹山堙谷通直道固輕百姓力矣夫秦之初滅諸侯天下之心未定痍傷者未瘳而恬爲名將不以此時彊諫振百姓之急養老存孤務修衆庶之和而阿意興功此其兄弟遇誅不亦宜乎今揚旨與遷同故備載之以見始末

或問呂不韋其智矣乎以人易貨

呂不韋陽翟賈人也出千金以助子楚子楚既立不韋相之　祕曰呂不韋陽翟大賈人也秦子楚質於趙不韋曰此奇貨可居故曰人易貨　光曰損千金而得子楚

曰誰謂不韋智者與以國易宗

雖聞列封先笑後愁身既鴆死宗族竄流　祕曰不韋仕不由道用貨財而佞於華陽夫人以

取顯位終乃家屬徙蜀飲酖而死是儌取國權以易宗族　光曰貪國權而喪其宗呂不韋之盜穿窬之雄乎不以其道非盜何如穿窬也者吾見擔石矣未見雒陽也雒陽不韋所封國也揭雒陽而行天下豈徒擔石乎　祕曰穿窬者伺慢藏而得之不過一擔一石而不韋伺顏色而取之雒陽之封是其雄也子楚立是爲莊襄王以不韋爲丞相封爲文信侯食河南雒陽十萬戶秦將白起不仁奚用爲也長平之戰四十萬人死蚩尤之亂不過於此矣原野猒人之肉川谷流人之血將不仁焉用爲奚何咸曰白起事秦爲武安君前後伐韓魏斬殺甚多昭王四十七年與王齕伐趙圍其將趙括於長平既殺趙括括軍敗卒四十

萬人降起起乃挾詐而盡坑殺之故揚以爲不仁　光曰用將所以救亂誅暴**翦**問王翦何將也祕曰王翦頻陽東

鄉人也問其將略**曰始皇方獵六國而翦牙欿**咀噍用牙言其

酷也欿者絕語歎聲　祕曰言翦之助惡也牙欿謂切齒而怒欿怒聲太史公曰王翦爲秦將夷六國　光曰翦爲之牙以噬

物**或問要離非義者與不以家辭國**祕曰要離吳人

弃家而爲國疑其有義**曰離也火妻灰子以求反於慶忌實**

蛛蝥之靡也焉可謂之義也義者臣子死節乎君親之難也離自

平人而焚燒妻子詐爲吳仇讎求信於慶忌反而刺之若蜘蛛之蟲小巧耳　祕曰吳王闔閭欲殺王子慶忌要離詐以罪亡

令吳王燔其妻子而揚其灰走見慶忌以劒刺之譬如蜘蛛之蝥毒於人而靡死也焉可爲義哉靡披靡而死也　蝥一作蝥

光曰音義曰賈誼新書曰蛛蝥作網光謂靡爛也
政問聶政政一作政也爲嚴氏犯韓刺
相俠累曼面爲姊實壯士之靡也焉可謂
之義也俠累韓相名也　祕曰嚴仲子事韓哀侯與韓相俠累有郤仲子恐誅亡失游齊交聶政政後仗劒
至韓刺殺俠累因自鈹面決眼自屈出腸遂以死其姊嫈如韓
之市伏尸哭於邑悲哀而死政之旁曼無也言政知姊之忠烈
乃鈹其面使他人無所識認且欲全其姊
者也小爾雅曰曼無也　光曰曼塗面
軻問荆軻　軻一作軻也　祕曰荆軻也義乎
爲丹奉於期之首燕督亢之圖入不
測之秦實刺客之靡也咸曰燕太子丹以荆軻爲上卿欲以報秦先是秦將
樊於期得罪亡入燕太子丹受而舍之秦購樊於期首金千斤
邑萬家荆軻謂太子丹曰誠得樊將軍首與燕督亢之地圖以

獻秦王王必悅見臣臣乃得以報矣於是説樊於期於期遂自刎軻乃與秦舞陽盛於期首函封之及求天下之利匕首與燕督亢之地圖至秦秦王聞之喜乃見於咸陽宫軻奉於期首而秦舞陽奉地圖秦王發圖窮而軻以左手持把秦王之袖右手持匕首揕之秦王驚自引而起軻知事不就倚柱而笑箕倨以罵秦王左右遂前殺軻矣焉可謂之義也三士所死皆非君親之難也非義之義君子不爲也或問儀秦學乎鬼谷術而習乎縱横言安中國者各十餘年是夫祕曰張儀魏人也蘇秦雒陽人也俱事鬼谷先生學術裴駰曰按風俗通義曰鬼谷先生六國時縱横家於是張儀相秦蘇秦相六國乃投縱約書於秦秦兵不敢闚谷關十五年問是道夫曰詐人也聖人惡諸祕曰皆飾詐辯尚權變聖人不取也曰孔子讀而儀秦行何如

也欲讀仲尼之書而行蘇張之辯曰甚矣鳳鳴而鷙翰也咸曰鳳鳴謂孔子讀也鷙翰謂儀秦行也　祕曰鷙擊也鄉陽曰鷙鳥累百　光曰鷹隼也翰羽翼也曰然則子貢不爲與言子貢亦游說抑齊破吳以救魯　祕曰齊欲伐魯行而說齊存魯破吳彊晉霸越言儀秦非道則子貢學孔子矣不爲之乎　光曰子貢存魯亂齊破吳彊晉霸越考其年與事皆不合蓋六國游說之士託爲之辭太史公不加考校因而記之揚子亦據太史公書發此語曰亂而不解子貢恥諸說而不富貴儀秦恥諸恥國亂而不解其義高恥游說而不富貴其情下　祕曰子貢之志在解於禍亂儀秦之志在求於富貴苟求富貴則無所不至矣或曰儀秦其才矣乎跡不蹈已儀不跡秦　蘇秦佩六國相印以抑彊秦張儀入秦而復其衛後破山東　咸曰迹

不蹈已者蹈踐也言儀秦之才術超卓自然不踐循舊人之迹祕曰儀秦雖同術豈非才乎秦則務縱横儀則務解之二人之迹各不相蹈

曰昔在任人帝曰難之亦才矣任佞祕曰任佞也巧言近佞不以才也　一本作帝而難之不以才矣　光曰佞者口才也舜謂知人安民惟帝其難之能哲而惠何畏乎巧言令色孔壬揚子言驩兜之徒能以巧言惑聖人其才亦不在人下矣

才乎才非吾徒之才也祕曰儀秦之才非元凱之才也　光曰口才君子所不貴

美行園公綺里季夏黃公角里先生避秦之亂隱居商山不朝高祖而從太子帝客禮之　祕曰行人所不能四皓也

言辭婁敬陸賈婁敬說高祖都關中陸賈說尉佗爲漢臣又作新語高祖善之

執正王陵申屠嘉呂后欲王諸呂陵執意不從免陵乃得封之文帝佞幸鄧通至

使慢禮嘉收通晁錯犯憲奏誅錯**折節周昌汲黯**折節謂直諫高祖欲易太子周昌面爭以爲不可武帝時公孫弘爲丞相汲黯面折弘於上前以爲弘詖不忠　祕曰折節言其能降也夫彊直之人降則爲亂若二公者天姿彊直而乃能降其折節可尚矣**守儒轅固申公**轅固守正以得辠於竇太后后使入圈擊彘申公守正以事楚王卒爲楚王所烹此二公終不屈其道　祕曰轅固生以治詩孝景帝時爲博士竇太后好老子召固問老子固曰此是家人言爾頃之爲清河王太傅久之病免申公以詩經爲訓及趙綰王臧謂天子欲立明堂以朝諸侯不能就其事乃言師申公於是天子使使束帛加璧安車駟馬迎申公以爲太中大夫舍魯邸議明堂事竇太后不說儒術得綰臧之過申公亦疾免**菑異董相夏侯勝京房**董仲舒夏侯勝京房皆善推陰陽知菑異

或問蕭曹曰蕭也規曹也隨蕭何規掤於前如曹參奉隨於後

不失　光曰非蕭不能規非曹不能隨二人恊心共成漢道其賢等耳　**滕灌樊酈曰俠介**滕公灌嬰樊噲酈商此四人前後俠輔高帝　咸曰挾持也介衞也言高帝爲沛公時而夏侯嬰灌嬰樊噲酈商皆以從之爲持衞也　祕曰滕公夏侯嬰灌嬰樊噲酈商皆俠剛介之士易曰介如石焉　光曰介助也　**叔孫通曰槧人也**見事敏疾　叔孫通秦博士避二世之亂遇高祖起兵從之天下既定還復從儒見事敏疾　祕曰叔孫通采古禮與秦儀雜著漢儀箚牘之人也槧猶牘也說文曰牘樸也西京雜記曰子雲好事常懷鉛提槧　**爰盎曰忠不足而談有餘**挾私斬錯　說景帝斬晁錯以謝七國實挾私怨而不爲國　祕曰爰盎譖誅晁錯忠不足也諫遷淮南王而談有餘也　**晁錯曰愚**削諸侯以危身　畫策削諸侯土七國既反今盎得行其說智而不能自明朝服斬於東市　祕曰晁錯知七國之彊不奉辭伐罪而請削乃爲盎之所中而不能

預言古之愚也直是錯有焉　光曰錯知諸侯太彊必爲亂故削之而七國尋反身死東市不若主父偃從諸侯所欲分國邑侯子弟而諸侯自弱也故以錯爲愚　酷吏曰虎哉虎哉角而翼者也　郅都甯成張湯杜周之徒　咸曰韓詩外傳云無爲虎傅翼將飛入邑擇人而食此其酷吏猶虎而角翼者言暴之甚也　光曰不仁之人而得勢位如虎之得角翼　貨殖曰蚊　咸曰孔子云賜不受命而貨殖焉又曰求也爲之聚斂聖人之所疾也漢書稱揚子不汲汲於富貴不戚戚於貧賤家無甔石之儲晏如也今或人問貨殖故荅之曰蚊亦疾之甚焉夫蚊之爲蟲喙人而求生可鄙惡者也貨殖之徒兼幷聚斂非義是存亦所謂喙人而求生矣　祕曰貨殖之人析毫顧利微而食人其猶蚊乎　曰血國三千使捋疎飲水褐博沒齒無愁也　捋一作將　咸曰揚既以蚊貶貨殖或以是言難之也云天下之民有骨血者三千國非貨殖則將

使其飯疏食飲水被褐終年而已乎言衣食僅給而不能富庶也今下無荅文者蓋揚鄙其不諭教而而彊見難故不對之也三千國者昔禹會塗山執玉帛者萬國於商周之世已漸幷之矣故至漢但可三千而已舉大較也褐博者孟子云褐寬博謂獨夫之被褐者没終也齒年也　祕曰揚恐未諭故再釋之曰貨殖之心若蚊自務輕飽而血視之三千之國使將疏飯飲水衣褐博之衣没其年齡而後已也齒齡也按周一千八百國而漢郡國一百三縣邑千三百一十四云三千者蓋貨殖之人倍取於國且言其多與　一本作没齒然　光曰褐毛布也褐博以褐爲寬博之衣也三千言其衆也言貨殖如蚊噆民之血使之皆貧困以終身也

或問循吏曰吏也鄭子産公孫儀休孫叔敖之徒　咸曰言如是者始可謂之吏也

游俠曰竊國靈也靈命也朱亥田仲郭解劇孟原涉之徒　咸曰荀悅云立氣勢作威福結私交以立彊於國者謂之游俠此云竊國靈蓋言竊行國之威靈以爲之彊　祕曰靈福也遷載游俠竊國之

威福爲己之私義者也　光曰國之所以能爲國者以在上者執號令御其下如人之有神靈也　佞幸曰不料而已　籍孺鄧通周仁韓王孫李延年之徒　咸曰料度也夫佞幸者曰以寵進位非才升憑乎城社卒蹈機穽亦不度者也　光曰不自料其才德不稱其寵禄而貪竊之以取禍敗此皆論太史公書所載　或問近世社稷之臣曰若張子房之智　用行舍藏功成身退　陳平之無悟　内明其畫外無違誤　祕曰所舉必行無繆悞　一本悟作悞與忤同　絳侯勃之果　誅諸呂立文帝　祕曰誅諸呂立代王果於大事　霍將軍之勇　處廢興無所懼　祕曰光摧燕上官之鋒處興廢之分而不懼　終之以禮樂則可謂社稷之臣矣　此數公遭漢初定倉卒之際則權應當時苟以救世不能與稷契伊周同風未終先王之禮樂　祕

曰言此數公旣立功之後以禮樂自終則社稷臣矣　光曰言雖兼數公之才業不能修禮樂以成治平之化亦未足謂之社稷之臣也

或問公孫弘董仲舒孰邇欲知此二人用心誰近聖人之道祕曰誰近社稷之臣**曰仲舒欲為而不可得者也弘容而已矣**利用身安　一本無者也字　祕曰仲舒欲施禮樂之事而武帝外之故不可得也禮樂志曰時上方征討四夷銳志武功不暇留意禮文之事又曰未有立禮成樂此賈誼仲舒王吉劉向之徒所為發憤而懵歎也弘嘗與公卿約議至上前皆背其約以順上旨是取容而已何暇禮樂哉

或問近世名卿曰若張廷尉之平張釋之惟存公平無阿於意　咸曰釋之為廷尉天下無冤民其所謂平矣　祕曰張釋之為廷尉不族盜宗廟御物者執法之平也贊曰張釋之之守法**雋京兆之見**雋不疑當昭帝

時有人自稱亡衛太子百官莫知其所不疑後至取而治之乃明巫成方遂也

尹扶風之絜尹翁歸清廉有節不被滋垢

王子貢之介王子貢名尊成帝時人治任公正誅鋤豪彊不避貴戚斯

近世名卿矣一本無近世字將既聞名卿次問名將曰若條侯之

守咸曰周亞夫也守謂守細柳　光曰壁昌邑不救梁以弊吳雖有詔書亦不從長平冠軍之

征伐祕曰長平侯衛青冠軍霍去病俱征伐匈奴立功博陸之持重祕曰博陸侯霍光賛曰臨大節而不可奪遂正國家安社稷

可謂名將矣請問古欲知古之良將

曰鼓之以道德咸曰猶益賛禹而有苗格　祕曰以道勝者帝以德勝者王帝王之兵前無敵孫子五校之計一曰道

征之以仁義咸曰猶常武所謂既敬既戒惠此南國　祕曰荀卿曰桓文之

節制不可以敵湯武之仁義輿尸血刃皆所不爲也張騫蘇武之奉使也執節沒身不屈王命雖古之膚使其猶劣諸膚美也　咸曰張騫嘗使月氏道經匈奴中來往兩爲匈奴所得留騫十餘歲然騫持漢節不失後亡歸初騫行時百餘人去十三歲惟二人得還蘇武帝使使匈奴中單于說武令降武不聽單于怒幽武寘大窖中絕不與食又徙武北海上無人處使牧羝武既至海上杖節牧羊卧起持操節旄盡落留匈奴凡十九年至昭帝即位匈奴與漢和親漢求武得歸故二人雖古之美使所不及矣　光曰沒身者久留匈奴不顧其死世稱東方生之盛也言不純師行不純表其流風遺書蔑如也咸曰揚鄙朔之爲故所以自發論也表則也蔑絕也謂朔之言行不純一於聖人之

師則如詼諧射覆隱語之類也故宗聖之風立教之書絕而不
傳今觀朔嘗上書陳農戰彊國之計數萬言又有封太山貴和
氏璧及皇太子生禖屏風平樂觀賦諸篇頗存蓋子雲惡其雜
而不取之也　祕曰顏師古曰言辭義淺薄不足稱也　光曰
朔言行駁雜所師表者不能純
壹其流風遺書皆蔑然無足觀　或曰隱者也　咸曰或見
故問以爲世稱朔吏隱者　揚之短朔
也　一本或曰作或問　曰昔之隱者吾聞其語
矣又聞其行矣　昔之隱者文王拘於羑里而重易六爻
箕子隱於殷朝而爲周陳洪範接輿之
在楚而歌鳳兮　咸曰吾聞其語又聞其行者如夫子所謂作
者七人之義也言隱道當如此七人者　祕曰聞其聖賢之言
行　光曰
言皆不然　或曰隱道多端　咸曰或言隱之道多
端如朔者亦其一也　曰固
也　咸曰固實也言隱道
實多端故陳之於下　聖言聖行不逢其時聖

人隱也咸曰仲尼亦然　祕曰易曰龍德而隱者也不易乎世不成乎名遯世無悶不見是而無悶樂則行之憂則違之其聖人隱也賢言賢行不逢其時賢者隱也咸曰孟軻亦然　祕曰捨之則藏　光曰考其言行之素皆聖賢也以不逢其時故隱以避害耳談言談行不逢其時談者隱也咸曰子貢仲連亦然　祕曰有文而不遇者儒行曰言談者仁之文也　光曰朔談者耳不遇戰國縱橫之時故依隱玩世不足貴也昔者箕子之漆其身也狂接輿之被其髮也欲去而恐罹害也者箕子之洪範接輿之歌鳳也哉咸曰彼之隱者猶爲行道立教而干於時如楚狂箕子去而隱以避害言隱雖有此數端而朔不可以及是　祕曰此皆多端也箕子爲之奴孔子曰殷

有三仁焉而有聞著乎洪範接輿佯狂孔子下欲與之言而有聞著乎歌鳳是皆多端之甚者而其道純正罹一本作離　光曰二子皆晦跡以避害遇聖人則自顯

或問東方生名過實者何也咸曰言朔既不及此而世稱之過實何也曰應諧不窮正諫穢德由此四事得名應諧似優似倡優　咸曰應諧謂應言而諧戲之如與倖倡郭舍人隱語者不窮似哲咸曰問則輒應如射覆見微者　祕曰變詐鋒出莫能窮者似智惠　一本哲作智正諫似直咸曰蓋諫上林斥董偃請焚甲乙帳者祕曰時觀察顏色直言切諫以峭直穢德似隱祕曰懷肉汙衣歲更娶婦似隱迹請問名曰詼達惡比欲知誰比　祕曰朔之名也詼也達也何爲倫比　光曰宋本作請問名字達吳本作請問名談達音義引漢書朔詼達多端不名一行或問朔所爲當何以

名之揚子謂朔詼諧敏達之人耳曰非夷尚容依隱玩世其滑稽之雄乎非夷齊是柳下惠戒其子以尚同依隱玩世飽食安步以仕易農此滑稽之雄者　咸曰言朔非夷曠而尚取容依約其隱玩弄於世但滑稽之雄者而已何所比哉　一本作非夷齊而是柳下惠戒其子以尚容首陽為拙柱下為工飽食安坐以仕易農依隱玩世詭時不逢其滑稽之雄乎　光曰李宋吳本云非夷尚容依隱玩世其滑稽之雄乎按漢書具載揚子之言恐諸家本脫誤今從漢書言朔依託隱者以玩侮世人以詭譎欺時而不逢迕取禍也滑稽多智圓曲之貌或問柳下惠非朝隱者與此問發於東方朔也　咸曰或以揚之短朔疑朔與惠同道故舉之為請　祕曰朔既非隱則柳下惠降志辱身言中倫行中慮豈非朝隱者也曰君子謂之不恭古者高餓顯下祿隱孟子曰伯夷隘柳下

惠不恭險與不恭君子不由然則餓顯不獨高祿隱未爲下今
發高下之談蓋有厲乎素餐　咸曰揚以或人用朔比惠故舉
孟軻不恭之言以非柳下惠又以夷惠險不恭二者雖皆不可
然推而取之寧以伯夷餓顯爲高終以柳下惠祿隱爲下故曰
古者高餓顯下祿隱猶奢寧儉易寧戚之義耳亦所以短
朔也　光曰餓顯謂夷齊餓于首陽之下民到于今稱之　妄
譽仁之賊也妄毀義之賊也光曰譽以褒善義以貶惡而妄以毀
譽加人是賊傷仁義者也賊仁近鄉原賊義近鄉訕同乎流俗合乎汙世衆皆
說之以爲是而不可與入堯舜之道者德之賊也孔子惡似而
非者孟軻論之備矣　光曰鄉原謂所至之鄉徇衆隨俗求媚
於人者鄉訕謂所至之鄉喜造謗訕使人畏其口者或問子蜀人也請人祕曰問蜀人
曰有李仲元者人也蜀有嚴君平然君平已顯仲元未聞　祕曰仲元則其人也李

仲元名弘見秦宓傳光曰人者蜀之賢人也仲元事見常璩華陽國志尤詳其爲人也柰何咸曰柰何猶言如何曰不屈其意不累其身光曰不以爵位屈其意祿利累其身曰是夷惠之徒與曰不夷不惠可否之閒也隨時之義治亂若鳳光曰有清和之美而無隘與不恭之失從衆而不害於義則可害於義則否如是則奚名之不彰也曰無仲尼則西山之餓夫與東國之詘臣惡乎聞餓夫夷齊詘臣柳下惠也咸曰東國魯也左傳云下展禽即柳下惠也言夷惠得仲尼譽之名始聞曰王陽貢禹遇仲尼乎咸曰王吉字子陽事宣帝爲諫議大夫貢禹字少翁二人爲友世稱王陽在位貢禹彈冠言其取捨同也元帝即位遣使徵貢禹與

吉吉年老道病卒禹後爲御史大夫此言李仲元不遇仲尼則名不彰而王陽貢禹之顯豈遇仲尼乎　光曰王言王貢力學絜已而名著海內豈必遇仲尼　曰明星皓皓華藻之力也與　星雖皓皓有華藻然非能自顯燿也要須著天而後天下見之　光曰言星之明非藻飾所能致以其居高故爲人所瞻仰王貢之名所以彰著有位於朝故也　曰若是則奚爲不自高　光曰言仲元何不仕　曰皓皓者已也引而高之者天也　星著天而後天下見王陽貢禹時主所揚而後名顯也仲元雖有賢德而時不高之故不彰　子欲自高邪　君子行德俟命而已祕曰仲元之不見察舉猶如或人豈能自達哉　仲元世之師也見其貌者肅如也　咸曰貌端故見者肅然敬　聞其言者愀如也　咸曰言正故聞

者愀然謹光曰愀然變動貌觀其行者穆如也咸曰行溫故觀者穆然和鄲聞以德詘人矣咸曰詘人者使人而從己德也鄲一作但光曰音義曰古鄲但通用未聞以德詘於人也咸曰詘於人者以己德而從人也光曰言仲元德能服人而未嘗屈節仲元畏人也言可畏敬咸曰言使人心服而畏之祕曰人所畏服或曰育賁言夏育孟賁亦使人畏祕曰夏育孟賁皆衞人言其勇力亦人所畏也曰育賁也人畏其力而侮其德咸曰非心服之畏請條問其目也祕曰條目曰非正不視非正不聽非正不言非正不行夫能正其視聽言行者昔吾先師之所畏也所畏謂言不慚行不恥孔

子憚焉（祕曰孔子之所畏憚之）如視不視聽不聽言不言行不行雖有育賁其猶侮諸

揚子法言卷第十一

揚子法言卷第十二

李軌　柳宗元注　宋咸　吳祕　司馬光重添注

君子篇

夫君子之所以爲美布護蔓延在乎衆篇豈惟於此而表其篇目者絶筆在乎孝至無以加之而已　咸曰以淵騫道亞諸聖自非君子曷克然故次之淵騫

君子純終領聞純善也領令也聞名也言善於終而有令名也　祕曰君子之道純而終之受其令聞　光曰君子既樂善以終又有令名聞於後世者以立言不朽故也**蠢迪檢押**蠢動也迪道也檢押猶隱括也言動則由於檢押　咸曰迪當訓爲蹈履之蹈檢押猶法度也言動必履蹈於法度　光曰檢押當作檢柙**旁開聖則**開通也則法也　祕曰則法則也　光曰開通也君子立言旁通聖人之法**譔君**

子祕曰君子小人在人所爲而已擇而行之區品彰矣　光曰論立言之是非

或問君子言則成文動則成德何以也咸曰問君子何以能然曰以其弸中而彪外也弸滿也彪文也積行內滿文辭外發　光曰學成道充言動皆美般之揮斤羿之激矢君子不言必有中也不行行必有稱也咸曰般羿之斤矢精之至也君子之言行正之至也　祕曰般輸之揮斤后羿之激矢猶如君子之言行素習於內發中繩準　光曰稱者得事之宜

或問君子之柔剛曰君子於仁也柔於義也剛仁愛大德故柔屈其心節義大業故剛厲其志　祕曰木性則仁故柔金性則義故剛　光曰柔於愛人剛於去惡

或問航不漿衝不薺有諸樓航不挹漿衝車不載薺曰有之

或曰大器固不周於小乎光曰言有大志者不顧小節曰斯械也君子不械械器也航衝之器充大則不能小矣君子不器無所不施　咸曰君子之道惟變所適航衝之器主一而用注謂航衝無所不施反矣　光曰器械適於一用君子明道無施不可

或問孟子知言之要知德之奧曰非苟知之亦允蹈之允信也蹈履也　咸曰允信也蹈行也言孟子於要言奧德非惟苟且而知之亦能信而行之

或曰子小諸子孟子非諸子乎曰諸子者以其知異於孔子者也祕曰知所知之道　光曰以其小知立異於孔子之道孟子異乎

不異道同於仲尼也或曰孫卿非數家之書侻也彈駁數家侻合於教光曰音義曰侻可也至于子思孟軻詭哉譏此則謬咸曰孔伋字子思孔子之孫孟軻之師也荀子有非十二子之言亦兼非子思孟軻此言非他數家則偶侻可矣至于非軻伋則邪詭也祕曰荀卿非十二子若惠施鄧析之徒則侻異聖人之道已至于子思孟軻不異者也是荀卿之詭說也曰吾於孫卿與見同門而異戶也同出一門而戶異同述一聖而乖詭光曰言荀卿亦述孔子之道而所見不能無小異惟聖人爲不異前聖後聖法制玄合大同仁義祕曰純終也牛玄騂白騂而角牛玄騂一作玄牛騂其升諸廟乎是以君子全其德色純曰騂咸曰宗廟之牛貴純毛如黑赤白三色各純粹而角遥中禮則可升諸廟矣所以君子

亦貴純全其德今荀卿學聖人之道而非孔孟亦不粹矣祕曰韓吏部曰大醇小疵此之謂與　光曰睟與粹同

或問君子似玉曰純淪溫潤柔而堅玩而廉隊乎其不可形也君子於玉比德焉禮記論之備矣咸曰隊衆也言玉之德衆乎不可盡形容之　祕曰淪猶澤也玩猶珍也廉稜也隊乎猶言垂之如隊其惟似德不可形狀　光曰玩謂廉而不劌隊謂垂之如墜

或曰仲尼之術周而不泰大而不小用之猶牛鼠也使牛捕鼠雖大無施　光曰周而不泰謂禮儀周備而無閑泰曰仲尼之道猶四瀆也經營中國終入大海祕曰爾雅曰江河淮濟爲四瀆四瀆者發源注海者也它人之道者西北之流也綱

紀夷貉或入于沱或淪于漢秘曰西北之流水經夷貉而不返或向東者亦入沱漢而已言其異而小也書曰嶓冢導漾東流爲漢又曰岷山導江東別爲沱孔云沱東行　光曰言諸子之道雖時有小用而非順正不可以致遠淮南説之用不如太史公之用也太史公聖人將有取焉實録不隱故可采擇　咸曰司馬遷雖雜尚有禮樂儒學之説於聖人之道可取而用之於劉安溺異端之痼者也故曰鮮取焉　光曰今之所以知古後之所以知先史不可廢淮南鮮取焉耳浮辯虛妄不可承信　秘曰太史公實録猶如魯史舊文聖人將有取焉以正褒貶淮南劉安之書雜而不典少有可采光曰空言雖辯博而駮雜迂誕可取者少必也儒乎光曰聖道於是乎在乍出乍入淮南也或出經或入經　秘曰必也以儒爲名乎內篇論道

外篇雜說作出作入雜而不純者也文麗用寡長卿也咸曰司馬相如文賦雖麗施用則少祕曰相如雖麗而寡於用多愛不忍子長也史記叙事但美其長不貶其短故曰多愛咸曰遷之學不專純於聖人之道至於滑稽日者貨殖游俠九流之技皆多愛而取不忍弃之祕曰不可以垂世立教者司馬遷皆叙而録之是多愛不忍也仲尼多愛愛義也子長多愛愛奇也光曰仲尼稱管仲爲仁史魚爲直蘧伯玉爲君子之類亦多愛或曰甚矣傳書之不果也咸曰非經謂之傳或人既聞揚子上論淮南子長之言愛奇而雜故因駭之而爲問也言甚矣彼傳記之書不果純於聖人之道也祕曰古者詩三千餘篇孔子删定取止乎禮義者三百一十一篇而巳是愛義也子長史記至於滑稽日者刺客貨殖之類皆不忍去是愛奇也或人曰甚矣淮南子長之傳言不果全於聖人之道

也曰不果則不果矣苟非所能自可耳　咸曰言今人之不果純於聖人之道者尚可導而果之如淮南子長皆已沒矣其書皆已行矣安可導而果之哉誠爲不果純矣　祕曰內不果純文亦不果道矣人以巫鼓巫鼓猶妄說也妄說傷義甚於不言一日巫鼓之儔奚徒不果而已乃復寄詠誕以自大假不學爲高通故揚子既吐觸情之談又發巫鼓之義　咸曰夫巫左道者也言彼之書非徒不果純於聖人之道而已今大行於世復使人學之得其雜說如左道之巫以鼓動其事惑夫衆者也如淮南遊仙化金之說鼓動末俗使其學之非左道而何也或問聖人之言炳若丹青有諸曰吁是何言與吁者駭嘆之聲丹青初則炳久則渝渝乎哉丹青初則炳然久則渝變聖人之言久而益明或曰聖人之道若天天則有

常矣奚聖人之多變也咸曰五經支離萬事錯綜祕曰天有一定之高有常也聖人無可無不可多變也曰聖人固多變天縱之也光曰聖人志道秉常隨時應物如天之陰陽五行變化無窮子游子夏得其書矣未得其所以書也宰我子貢得其言矣未得其所以言也顏淵閔子騫得其行矣未得其所以行也聖人以妙外往諸賢以方中來祕曰通之者聖也習之者賢也光曰六子皆學於孔子而未達其本原故雖各有所得而未能盡其變通聖人之書言行天也天其少變乎所以應無方也咸曰此論六子猶孟軻所謂子張子游子夏得聖人之一體顏閔具體而微之謂也夫天多變然後有

成聖人多變變然後有倫天變隱於萬化而難知故曰天則有常聖變布於五經而可見故曰聖人固多變　祕曰夫天之高也及其變則二氣推移四時更迭三辰運行萬物生猝不爲少也　光曰言天之變化亦多也

或曰聖人自恣與何言之多端也祕曰或人聞多變之語不達其歸趣恐聖人率意而言故云多端　光曰謂問同荅異理或相違

曰子未覩禹之行水與一東一北行之無礙也君子之行獨無礙乎如何直往也祕曰時有可否礙也

水避礙則通于海君子避礙則通于理咸曰高者水之礙故避之則流雜者聖之礙故避之則行　祕曰隨時制宜不失其正理則通矣

君子好人之好嘉其善也而忘己之好若不足也

小人好己之惡（我惡而不自知惡一作好）而忘人之好（物好而不識彼）

或曰子於天下則誰與（祕曰與何等人光曰與許也）曰與夫進者乎或曰貪夫位也慕夫祿也何其與曰此貪也非進也夫進也者進於道慕於德殷之以仁義進而進（祕曰禮進則進）退而退（祕曰義退則退）曰孳孳而不自知勸者也（光曰勸與倦同殷中也退而退當作退而進言不以祿位之進退務進於道德而已故下文云請問退進）

或曰進進則聞命矣請問退進曰昔乎顏淵以退爲進（後名而名先也）天下

鮮儷焉言少雙也　祕曰人不堪其憂而回也不改其樂終日如愚而回也不愚是以退爲進少有其偶　光曰顔回在陋巷不苟仕好學不倦是以退爲進或曰若此則何少一作小於必退也祕曰若然則必退於道者何故小之　光曰揚子謂聖人不遁于世不離于羣是小必退曰必進易儷也必退易儷也必苟也苟進則貪祿利苟退則慕僞名也　祕曰輕於進退者衆進以禮退以義難儷也進退不失其正者君子也咸曰猶仲尼之於魯也用之則攝相事而輔夾谷淫女樂廢膰胙則歌之而行　祕曰進之退之惟禮義之所在或曰人有齊死生同貧富等貴賤何如齊死生者莊生所謂齊物者非好死惡生之謂也而或者不諭故問　祕曰人有如莊生之齊物者何如　光曰莊列之論如是曰作此者其

有懼乎　懼者畏義也此章有似駁莊子莊子之言遠有其旨不統其遠旨者遂往而不反所以辯之也各統其所言之旨而兩忘其言則得其意也　祕曰非聖人者無法懼有誅戮之責作此齊物之論然後以夷曠爲妙達曰道家流當然也禮曰行僞而堅言僞而辯學非而博順非而澤以疑衆殺　光曰懼謂有憂患不可避故作此論以自寬

信死生齊貧富同貴賤等則吾以聖人爲嚚嚚　祕曰夫死生異理貧富殊塗貴賤差等較然之義也而莊子託以道家遂以係表遠去忘言得意稱其齊一而好之者無不甘心焉是虛華之大者若信是言則吾以聖人六經之旨爲嚚嚚之虛語耳　光曰人好生惡死苦貧樂富重貴輕賤乃其常情聖人因之以設勸沮立政教若信然齊等則聖人號令典謨徒嚚嚚然煩言耳

通天地人曰儒　道術深奥　祕曰陰陽剛柔仁義之道始於太極成乎五行主於至神運於六子管於聖人是謂通之其名曰儒

通天地而不通人曰伎伎藝偏能　祕曰知天地之變陰陽之數而不知其所以變所以數是不通於聖人之旨君子之道名曰伎藝人必先作然後人名之先求然後人與之人理云云萬物動靜無不由我以名彼者　祕曰若求仁而得仁　光曰作爲善惡而人以善惡名之自求禍福而人以禍福與之人必其自愛也而後人愛諸咸曰言先自愛於人而人亦愛之人必其自敬也而後人敬諸咸曰言先自敬於人而人亦敬之自愛仁之至也祕曰韓吏部曰博愛之謂仁自敬禮之至也祕曰曲禮曰毋不敬未有不自愛敬而人愛敬之者也祕曰未有不自愛敬於人而人愛敬於己者也　光曰敦仁所以自愛也隆禮所以自敬也

或問龍龜鴻鵠不亦壽乎曰壽曰人可壽乎曰物以其性人以其仁物性之壽其質生存延年長也仁者之壽死而不忘名無窮也　咸曰故顏氏之子年雖夭而仁不能窮之也光曰龍龜鴻鵠性自壽耳人則爲仁然後能保其壽孔子曰仁者壽

或問人言仙者有諸乎祕曰秦皇漢武俱欲求之故問焉曰吁吾聞宓羲神農殁黃帝堯舜殂落而死文王畢孔子魯城之北咸曰魯城之北孔子葬所也言伏羲至孔子並聖人皆死耳光曰文王葬於畢孔子葬於魯城之北獨子愛其死乎非人之所及也仙亦無益子之彙矣彙類也　祕曰仙者皆有虛名而無益於事實者也

光曰借使有仙亦如龍龜等非人類所能學也或曰聖人不師仙厥術異也聖人之於天下恥一物之不知仙人之於天下恥一日之不生光曰言聖人所以不學仙者道不同故也聖人務多知仙人務長生曰生乎生乎名生而實死也咸曰名惡名也實舍實也言今之爲仙者惡名存也舍實死也如始皇孝武至今爲天下笑非惡存而舍死者乎　祕曰神仙者謂之羽化蟬蜕而升天是名生也其實則降年盡而死耳故曰實死　光曰安期羡門徒有其名而人未甞見實死也或曰世無仙則焉得斯語曰語乎者非囂囂也與惟囂囂能使無爲有咸曰仙本無也而盧生之徒以爲有非囂囂不逆者孰能　祕曰囂囂然方士

之虛語耳囂囂之多則能使無爲有也　光曰多言之人喜妄說

或問仙之實曰無以爲也咸曰言無以爲其實　光曰無用問爲有與無非問也咸曰謂之有謂之無皆不當問　祕曰天地之間本無此理無而問有有而問無皆非問也問也者忠孝之問也言惟問忠與孝之事耳祕曰忠孝者修身之本忠臣孝子偟乎不偟偟暇　咸曰忠臣謇謇於事君孝子汲汲於事親何暇其仙乎　祕曰偟暇忠孝之人何暇問無益之事乎

或問壽可益乎曰德光曰惟修德可以益壽曰回牛之行德矣曷壽之不益也咸曰言顏回冉伯牛德而何不壽曰德故耳咸曰庸以長生爲壽聖以不朽爲壽顏冉有德故不朽耳如回之殘牛之賊也焉得耳言復甚也

咸曰言假令顔行之殘冉行之賊則安得不朽之壽如是哉

光曰顔冉之命自短耳若加之殘賊則斯命亦不能保也

曰殘賊或壽曰彼妄也君子不妄

論語曰人之生也直罔之生也幸而免揚子之談亦猶此義　咸曰禮云庶人曰死死澌盡也死則盡無所聞矣如殘賊者安得不朽哉彼言不朽者乃欺妄也彼問亦以長生爲壽揚對終以不朽爲荅　祕曰殘賊之人妄生於世耳豈有不朽之壽哉君子不妄生者也　光曰君子修德以俟命不爲殘賊而冀得妄壽

有生者必有死有始者必有終自然之道也

因論神仙之事遂至原始要終以盡死生之說也　祕曰夫春生則秋殺陽始則陰終亦猶人也豈有使之然哉自然之道也　光曰天常春而不秋日常朝而不暮則人長生而不死矣

君子忠人況已乎小人欺已況人乎

夫至人其猶先存諸

己而後存諸人者言乎有其眞然後可以訓物況乃其身之不交又安能諭諸人哉　光曰盡誠於人曰忠

揚子卷第十二

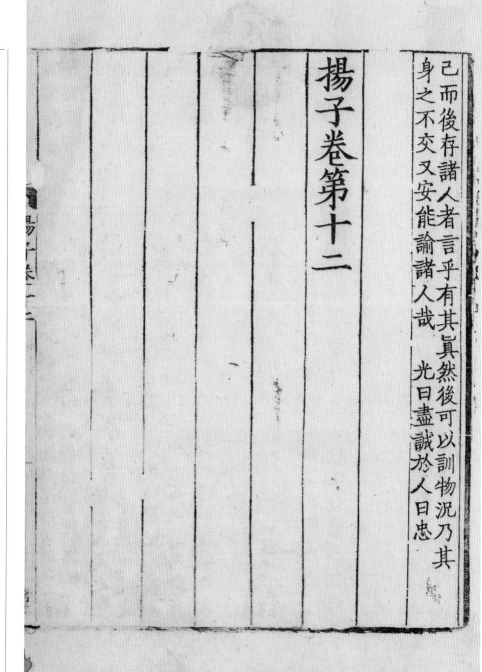

五福五代堂古稀天子寶
八徵耄念之寶
太上皇帝之寶

宋板揚子法言

1424

揚子法言卷第十三

李軌柳宗元注宋咸吳祕司馬光重添注

孝至篇

始於學行而終於孝至始終之義人倫之事畢矣咸曰人道之大莫大乎孝孝道之全莫全於終故啓之手足沒且誠焉豈易量哉法言始於學而終於孝理亦粹矣

孝莫大於寧親寧親莫大於寧神寧神莫大於四表之驩心言尊祖考安神靈故四方驩心祕曰寧神奉宗廟也夫孝始於寧親終於天下之驩心其道甚大光曰神者祖考之神大孝宜若周公然

譔孝至祕曰夫學所以開明也故爲其始孝所以報本也故爲其終動天地感鬼神者莫速於孝乎光曰論孝及至德因敘漢室之盛

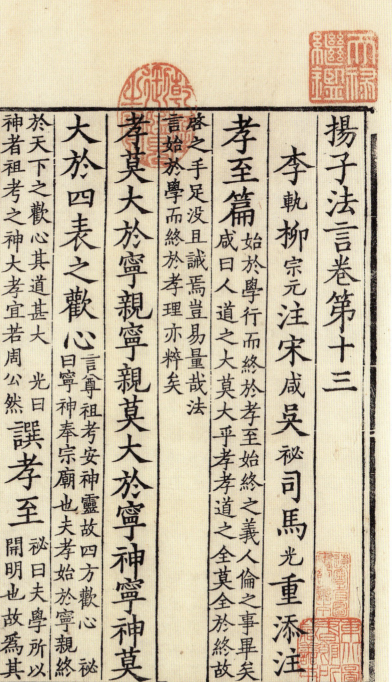

孝至矣乎一本無乎字　將欲言其美所以歎其至　祕曰先王之至德一言而該光曰至德要道無所不該聖人不加焉一言而孝兼該百行聖人無以加之是至德也　祕曰該備也光曰聖人之德無以加於孝父母子之天地與天懸象地載形父受氣母化成無天何生無地何形天地裕於萬物乎萬物裕於天地乎一本皆無乎字裕足也言萬物取足於天地天地不取足於萬物也　咸曰正文當云萬物非裕於天地疑脱其非字裕饒裕也天地生萬物非異其報故能饒裕於萬物而萬物不能饒裕於天地也　光曰裕謂饒益優厚也揚子設爲疑問以明天地則能裕萬物萬物豈能裕天地乎裕父母之裕不裕矣養父母自以爲足者乃不足也　咸曰父母雖爲子天地然俟其報與天地異也故親以生育之恩饒裕其子則子

也以孝養之德饒裕於親若夫但樂生育之裕不能全孝養之裕則不爲裕矣故曰裕父母之裕不裕矣以别萬物之於天地也　祕曰父母有餘裕於其子其子豈能裕父母哉以父母之裕而裕其父母不爲裕矣是父母裕於子也常有餘子孝於父母也常不足　光曰欲報之德昊天罔極

事父母自知不足者其舜乎自知不足則是舜　咸曰舜所以愈裕而不自充足者懼夫失所以孝養之裕也不可得而久者事親之謂也祕曰父母之年不可不知孝子愛日無須臾懈於心　祕曰其心無懈　光曰木欲靜而風不止子欲養而親不待故孝子養親惟日不足孝子有祭乎有齊乎祭嚴齊敬孝子之事　光曰言齊重於祭夫能存亡形屬荒絶者惟齊也亡形復存荒絶復屬者謂祭如在　光曰謂齊之日故孝子之於

齊見父母之存也祕曰見其居處語笑所樂所嗜謂思而見之是以祭不賓夫齊者交神明之至故致齊三日乃見其所爲齊者禮記論之備矣而發斯談者有慨乎時人咸曰祭不賓者孝子盡精極思而存夫親何暇乎賓之接也祕曰專乎所親光曰賓謂敬多而親少如待賓客人而不祭豺獺乎九月豺祭獸正月獺祭魚豺獺猶有所先人而不祭豺獺之不若也或問子曰一無問子字死生盡禮可謂能子乎生事愛敬死事哀戚祕曰問今世須死生盡禮方可謂能子乎石奮石建父子之美也無是父無是子無是子無是父一作曰石奮祕曰萬石君石奮少子建皆以馴孝行謹官至二千石光曰言父子孝謹相成或曰必也兩乎祕曰言人必須父子孝謹方爲美乎曰

與堯無子舜無父不如堯父舜子也必不得雙於斯二者當如堯之爲父舜之爲子　咸曰子雲方論孝至而遽以萬石君父子與堯舜較短長得非傷君臣之道輕孝至之禮乎曰子雲之心蓋所以重孝至而謹君臣之道者也何哉天下之重莫大乎孝未有天子而無父也故自天子至于庶人其禮雖異而其爲孝一也夫孝君行之於上而臣行之於下則四海莫不孝矣四海皆孝則忠臣得矣故曰求忠臣於孝子之門由是言之子雲所以重孝至而謹君臣亦明矣有旨哉子雲也學者辨之　祕曰與堯之無子舜之無父不若使堯爲父而舜爲子不必兩也堯子丹朱不肖舜父瞽瞍頑雖有如無　光曰父子俱聖尤美

子有含菽縕絮而致滋美其親將以求孝也人曰僞如之何含食也菽豆也　咸曰言人有自含食其菽縕被絮而能致滋甘之味美麗之服於其親思以爲孝或非之以爲僞何如也

光曰含菽菲食緼絮惡衣曰假儒衣書服而讀之三月不歸孰曰非儒也咸曰言設有人假儒衣書服而讀之三月不輟而歸誰曰非乎言亦可以爲儒也如彼之自薄而厚於親黨乎不輟則亦可爲孝矣三月者時一變也天時且變而已不變是可爲儒矣　祕曰己欲孝斯孝矣己欲儒斯儒矣誰其非之　光曰服儒衣讀儒書經時不輟斯亦儒矣或曰何以處僞咸曰問何以見其僞者　祕曰爲之則眞何以居僞曰有人則作無人則輟之謂僞一作作之輟之　咸曰禮去道不可斯須離其身可離非道也所以君子慎其獨矣故有人則修而作之無人則輟而止之非僞而何君子恥之觀人者審其作輟而已矣視其所以觀其所由人焉廋哉不爲名之名其至矣乎太上以德自然之美非至而何　祕曰君子行善其

名自彰至矣爲名之名其次也力行近仁斯亦次矣欲求善名而行爲次也祕曰光曰畏惡名慕善名猶有所恥或問忠言嘉謀曰言合稷契謂之忠謀合皋陶謂之嘉謀一作謨光曰言不以聖人之正道佐其君者皆非忠嘉或曰邵如之何咸曰邵猶繼也言欲繼稷契皋陶者如之何而可祕曰邵高也欲高之則如之何光曰問稷契皋陶道高不可及奈何曰亦勗之而已勗勉咸曰言欲繼稷契皋陶者當勗勉其道而已庳則秦儀鞅斯亦忠嘉矣庳下也此所以微言貶乎漢臣而爲王莽之將相者祕曰勗勉也庳下也言人欲自高則勉行而巳如其卑下而不能自勉則秦儀鞅斯亦可謂之忠嘉矣蓋言其自足也光曰庳若嫌論太高而卑之則陷入於狙詐矣堯舜之道皇

兮皇矣夏殷周之道將兮將大而以延其光兮二帝三王光延至今祕曰延其美大之光或曰何謂也曰堯舜以其讓夏以其功平水土也殷周以其伐聖德同而禪伐異者隨時之義一也此又寄言以明其旨焉五君應乎天順乎人王莽違乎人逆乎天　祕曰以是爲美大之次　光曰皆盡美盡善或曰食如螘言精細也衣如華服文采也朱輪駟馬金朱煌煌無已泰乎一本作受天金朱　祕曰受天子之金朱煌煌然無乃已泰乎　光曰謂富貴者如此無乃泰侈曰由其德舜禹受天下不爲泰言當理也不由其德五兩之綸半通之銅亦泰矣綸如青絲繩也五兩之綸半通之銅

皆有秩嗇夫之印綬印綬之微者也言不由其德而佩此亦泰況可滔天乎　咸曰綸青絲綬也諸本注皆作青絲繩蓋傳之誤也天下通道五所以行之一五謂仁義禮智信也曰勉勉勵咸曰能一勉而修則五得之矣　祕曰非勉則不復其性或曰力有扛洪鼎揭華旗智德亦有之乎咸曰言古有力者能扛鼎揭旗夫智德亦有能之乎曰百人矣此力百人便能敵之德諧頑嚚諧和也頑嚚舜父母讓萬國以禪禹也知情天地與天地合其德知鬼神之情狀　咸曰知情天地者言知天地之情形不測光曰陰陽不測之謂神惟聖人能形容之百人乎人見其形而不能測其量非百人之倫也　咸曰此子雲黜力而尚德者也　祕曰知天地之情其形不可測豈百人可敵乎或問君曰明光問臣曰若

禔若順也禔安也祕曰若順禔宜讀如媞爾雅曰媞媞安也敢問何謂也曰君子在上則明而光其下在下則順而安其上明而光其下堯所以爲君也順而安其上舜所以爲臣也王莽之事漢則傾覆其上篡位居攝則暴亂其下也祕曰明而光其下法天也順而安其上法地也光曰光謂能顯忠遂良安謂能順美救惡或曰聖人事異乎咸曰言聖人亦以妖異爲事乎曰聖人德之爲事祕曰德盛則無異異亞之祕曰見異修德者次之故常修德者本也咸曰猶堯舜常修其德何異之有見異而修德者末也咸曰猶太戊武丁見異而後修非上德矣故爲之末焉祕曰失於常德災異乃見修而禳之事在末後本末不修而存者未之有

也惑此之甚者必亡而已矣　咸曰猶桀紂本末不修其亡忽焉　光曰災異應時君之德故以德爲本異爲末天地之得斯民也得育養之本故能資生斯民也　祕曰天地之大德曰生生斯民也易曰有天地然後有萬物有萬物然後有男女是人與萬物齊生而最靈者也班固曰夫人聰明精粹有生之最靈故曰得斯民斯民之得一人也得資生之業是故繫之一人也　咸曰言斯民之衆在得一人而治之也　祕曰書曰惟天生民有欲無主乃亂一人之得心矣一人而得統御天下者以百姓之心爲心　咸曰言一人之貴在得民心而後能長久也故愛有億兆夷人離心離德所以亡矣　祕曰五行志曰思心之不睿是謂不聖又曰貌言視聽以心爲主故一人之得心矣　光曰天地因人而成功故天地之所以得其道者在民也民之所以得其道者在君也君之所以得其道者在心也吾聞諸傳祕曰傳記謂論語老則戒之在得

年彌高而德彌卲者咸曰卲美也　祕曰卲亦高也老則不貪而有德彌高者雖聖人何以加焉是孔子之徒與王莽少則折節力行老則詐僞篡奪故揚子寄微言而慨歎焉

或問德有始而無終與有終而無始也孰寧一本作有始而無終與有終而無始與　光曰孰寧寧爲誰曰寧先病而後瘳乎寧先瘳而後病乎疾篡之深故有先瘳之喻　祕曰德寧有終也

或問大曰小問遠曰邇未達曰天下爲大治之在道不亦小乎道至微妙故曰小也　祕曰一人有道而天下治故曰小謂寡治衆也四海爲遠治之在心不亦邇乎祕曰一人之得心矣

或

問俊哲洪秀曰知哲聖人之謂俊深識聖義是俊傑也祕曰知哲於聖人之道俊哲也秀穎德行之謂洪禾之秀其穎猶人之洪其道也禾秀穎則實結人崇道則德聞洪大祕曰秀穎於德行洪秀也光曰知哲當爲哲知言哲能知聖人之道不溺於異端智之俊者也秀謂材秀能修德行使穎出於衆秀之大者也君子動則擬諸事事則擬諸禮事不來則不動動非禮則不擬咸曰擬或作凝非也擬據也言君子不妄其動乃據事而後動不僞其事乃據禮而後事祕曰凝成也君子不妄動動則成於事事則成於禮光曰擬度也動則度其事之可否事則度於禮爲是爲非或問羣言之長羣行之宗曰羣言之長德言也咸曰謂由德而言乃爲羣言之長羣行之宗德行也

咸曰謂由德而行乃爲羣行之宗或問泰和咸曰問太平和樂之道光曰天下和平之至曰
其在唐虞成周乎觀書及詩溫溫乎其和
可知也發號出令而民說之咸曰言觀書二典詩小大雅見唐虞成周之盛信泰和矣
光曰言千載之後觀
其詩書猶溫溫然和樂況生其世乎周康之時頌聲作乎下關雎
作乎上習治也咸曰習積習也言由成王來積習爲治祕曰習治習見治世之事齊
桓之時緼而春秋美邵陵習亂也緼亦亂也咸曰齊桓
公會諸侯于陘楚遣屈宁如師以觀齊觀齊之盛因而求盟桓公退次召陵與之盟以禮楚也祕曰緼亦亂也言齊桓之時
下陵上替而春秋美邵陵之會能服楚也習亂亦謂習見亂世之事按僖公四年楚屈宁來盟于師盟于邵陵左傳無美之之

文子雲據公羊而言也故習治則傷始亂也傷悼　咸曰太平之民追歎舊亂也祕曰習見治世之事覩始亂則傷之始亂謂幽厲之時也孔子曰嗚呼哀哉我觀周道幽厲傷之　光曰先儒多以爲周道衰詩人本諸袵席關雎作故揚子以爲始亂習亂則好始治也好樂　咸曰久汚之俗喜安少治　祕曰習見亂世之事覩始治則好之始治謂邵陵之盟也公羊傳曰桓公救中國而攘夷狄卒帖寧荆以此爲王者之事也漢德其可謂允懷矣允信懷至　祕曰漢之有德信能懷服遠人　光曰允謂信及四夷懷謂遠人來服黃支之南大夏之西東鞮北女來貢其珍漢德其可謂允懷矣世鮮焉明此奕世之所致而王莽一旦行詐以取之　祕曰言漢德之盛四夷來貢信能懷遠矣而歷世少及焉此所以明漢興中天之本也黃支南

蠻去合浦日南三萬里大夏西戎去中華一萬二千里東鯷北女未詳或傳寫之誤當言北鯷東女匈奴謂漢曰若鞮自曰乎韓邪後見漢帝為孝慕之故皆為若鞮哀帝建平四年烏昧留若鞮單于上書願朝是也東夷有東女國西羌别種也西海有女國故云東女國　光曰鯷蓋東夷國名女女國也

荒荒聖德遠人咸慕上也

荒荒大也　咸曰猶唐虞之世　荒荒一作芒芒

武義璜璜兵征四方次也

咸曰如商周之代　祕曰璜璜猶言煌煌也以兵伐四夷者次也

宗夷猾夏蠢迪王人屈國喪師無次也

宗夷者四方羣夷也　咸曰猾亂也蠢迪猶陵踐也王人王室之官言五霸六國然也　祕曰宗夷猶言夷族也蠢動也迪蹈也言四夷之族猾亂中夏動蹈我邊疆而犯王人又屈國喪師焉無禦戎之次也　光曰蠢動迪蹈也中國微弱四夷交侵騷動蹈藉天下之民辱國喪衆無次言最下也此況論

王者御夷狄之道麟之儀儀鳳之師師其至矣乎咸曰言帝世泰和麟儀儀而馴鳳師師而多德之至也　祕曰泰和之百官皆如麟鳳之時儀儀然有義師師然衆蓋其至也　光曰儀儀師師皆和整尚德之貌以喻德服四夷螭虎桓桓仁少威多　咸曰桓桓嚴也言王世以武戡禍亂嚴不失正鷹隼䎟䎟攫撮急疾　咸曰䎟䎟暴也言彊霸之世專爲兵詐暴而欲殘未至也未合至德　咸曰言桓桓䎟䎟比之帝世泰和則皆未至也　祕曰非泰和之百官皆如螭虎鷹隼之時桓桓武貌䎟䎟然鷙飛貌於其道未至也　光曰桓桓武貌以喻用兵威服遠方或曰訩訩北夷被我純繢純繒繢畫　光曰訩訩喧譊之貌帶我金犀金金印犀劍飾珍膳寧餬寧餬餬其口也　咸曰言安然而饗珍膳不亦享乎嫌禮胡如此太盛也　祕曰訩訩夷衆語貌北夷南

單于也被我純續之衣裳帶我金璽犀飾之劍常珍之膳以安然餬其口不亦施饗禮之盛乎南單于呼韓邪願爲蕃蔽而漢賜之冠帶衣裳黃金璽太官御食之類　光曰享當作亨亨猶泰也謂宣帝以後單于朝服漢以繒絮衣食厚撫之　曰昔在高文武實爲兵主今稽首來臣稱爲北蕃是爲宗廟之神社稷之靈也可不享言如此不可不以盛禮待之也　祕曰高祖圍乎平城文帝不雪憤辱之恥孝武亟興邊略實爲兵主矣至宣帝時呼韓邪來臣稱北蕃扞禦北虜蓋漢神靈之祐豈可不享之哉　光曰爲兵主者謂高帝得天下之後文帝武帝承平之時兵所以不得息者正以匈奴之故也今幸而得其臣服豈可不厚撫之使之離叛愛小費而就大患乎　龍堆以西白龍堆也　大漠以北鳥夷獸夷　鳥夷獸夷者衣鳥獸皮毛　郡勞王

師漢家不爲也皆在荒忽之外不爲羣屬者也若使勞王師而郡縣之漢家不爲也光曰鳥夷獸夷言其如鳥獸郡勞王師漢家仁明之主所不爲朱崖之絶捐之之力也朱崖南海水中郡元帝時背叛不臣議者欲往征之賈捐之以爲無異禽獸也弃之不足惜不擊不損威元帝聽之事在漢書否則介鱗易我衣裳否不也言不然則介鱗之類易我衣裳之民也光曰朱崖島夷故云介鱗君人者務在䅳民阜財䅳富阜盛明道信義光曰行義使民信之致帝者之用光曰極其事業成天地之化使粒食之民光曰粒食謂中國之民粲也晏也粲文采晏和柔祕曰粲然明盛晏然安和享于鬼神不亦饗乎實受其福祕曰民神之主也民之

豐阜則神饗其祀也　光曰此言王者不應疲弊中國與遠夷爭雄也　天道勞功　祕曰勞而成功　光曰勤勞然後有功　或問勞功曰日一日勞考載曰功　日一日猶日日也考成也載歲也周而復始以成其歲故曰功　光曰載事也天運行不息是其勞也成造化之事是其功也　或曰君逸臣勞何天之勞　言於人事則君逸臣勞也天爲君四時行百物生以喻無勞也　曰於事則逸於道則勞　於事則逸無功可名於道則勞運轉機衡　咸曰言人君之道各有其官己弗親之故於事則逸然修德不暇日愈新之故於道則勞　祕曰生萬物地也而天道則勞矣以其運行不息也理萬事臣也而君道則勞矣以其修省不暇也　光曰天則無爲自然而萬物生成君則垂衣端拱而百姓乂安是其事逸也天則陰陽往來生生日新君則求賢訪道一日萬幾是其道勞也　周公以來未有

漢公之懿也勤勞則過於阿衡漢公王莽也或以此爲媚莽之言或以爲言遜之謂也吾乃以爲箴規之深切者也稱其漢公以前之美耳然則居攝之後不貶而惡可知揚子所以玄妙也發至言於當時垂忠教於後世言蔽天地而無慙教關百代而不恥何遜媚之有乎　宗元曰阿衡之事不可過也過則反　咸曰成王幼太甲昏勢亦殆矣然周公居叔父之尊伊尹當阿衡之重二公可取而不取卒以忠勤復辟而正之夫舉其可取不取之因明其不可取而取之事則子雲之罪莽已大矣　祕曰自周公以來未有如王莽而謂之美也惟是折節力行勤勞之事則欲不止於阿衡明其篡也伊周聖人之居師保者漢公王莽也懿美也過謂不止也班固曰莽知漢中外殫微本末俱弱亡所忌憚主其姦心因母后之權假伊周之稱子雲因其假也故以伊周爲言　光曰法言之成蓋當平帝之世莽專漢政自比伊周欲興禮樂致太平上以惑太后下以欺臣民附己者進異己者誅何武鮑宣以名高及禍故揚子不得不遜辭以避

害也亦猶薛方云堯舜在上下有巢由也當是之時莽猶未篡
人臣之盛者無若伊周故揚子勸以伊周之美欲其終於北面
者也或曰揚子爲漢臣漢亡不能死何也曰國之大臣任社稷
之重者社稷亡而死之義也爲使揚子據將相之任處平勃之
地莽篡國而不死良可責也今位不過郎官朝廷之事無所與
聞奈何責之以必死乎夫死者士之所難凡責人者當先恕己
則可以知其難矣或曰揚子不死可也何爲仕莽而不去曰知
莽將篡而去者龔勝是也莽聘以爲太子師友卒不食而死揚
子名已重於世苟去而隱處如揭日月潛於蒿萊庸得免乎或
曰揚子不去則已何必譽莽以求媚豈厭貧賤思富貴乎曰昔
晉袁宏作東征賦不序桓彝陶侃猶爲桓溫陶胡奴所劫僅以
敏捷自免況揚子作法言品藻漢興以來將相名臣而獨不及
莽莽能無恥且忿乎此杜預所謂吾但恐爲害不求益也且揚
子自謂不汲汲於富貴不戚戚於貧賤始爲郎給事黃門與王
莽劉歆並哀帝之初又與董賢同官當成哀平間莽賢皆爲三
公權傾人主所薦莫不拔擢而雄三世不徙官此豈非言行相

副之明驗乎古今之人能安恬如此者幾希而子乃疑其求媚而思富貴不亦過乎使揚子果好富貴則必爲莽佐命不在劉甄之後矣

漢興二百一十載而中天其庶矣乎

言人民衆多富盛也　宗元曰揚子極陰陽之數此言知漢祚之方半耳　咸曰子雲雖學極陰陽然不當逆知漢祚方半也夫中天者猶中興也蓋子雲觀莽之殭篡而立復暴礫如是天下思漢德未已知赤氏之運未去必有中興而王者言庶幾乎近也故後十餘年光武果定豈非驗乎　祕曰子雲上稱漢德之允懷中言王莽之不止下言漢載之中天是覩民思漢德莽爲不道必有中興之義且明德之不可已也如是孔子曰其或繼周者雖百世可知也以禮明之也子雲曰漢二百一十載而中天以德明也是知子雲其聖人之徒與漢高祖元年至孺子嬰三年凡二百一十四年自王莽稱建國元年至獻帝延康元年凡二百一十二年　光曰庶者庶幾於治也

辟廱以本之校學以教之禮

樂以容之輿服以表之復其井刑勉人役唐矣夫言若盡此諸美以濟勉人者無羨唐虞之世也咸曰勉當爲免字之誤也言後之中興者能修漢之辟廱學校禮樂輿服之未修者能復井田之夫復者能措刑辟之未措者以是道而化天下復免人事邊之役則唐堯如矣祕曰漢之中天惟是盛德之符設使行辟廱學校禮樂輿服之事復其井田象刑勉勵其人役於百執事者則唐堯之治矣夫孔子刪書始於唐堯而子雲法言以是終之蓋百王之表則也光曰容爲之容飾表表其尊卑役用也用唐堯故事

揚子法言卷第十三

揚子音義

李軌柳宗元注宋咸吴祕司馬光重添注

小序

大氏光曰光謂氏下脱不字呰漢書顏師古注音紫迂漢書顏師古注音于撓漢書顏師古注火高反其字從乎

學行篇第一

學行光曰行讀如字凡書中好惡長少難易將相使令說樂焉邪之類兩音易辨者惟於始見音之後可以意求不復再出或可疑則更音之倥侗顓蒙漢書揚雄傳鄭氏注曰童蒙無知也師古曰倥音空侗音同顓與專

同侗又音通說文大貌詩神罔時恫一曰侗未成器之人訓諸理漢書顏師古注訓告也
好呼報切光曰下可以意求者不音做此復駕扶又切礲諸盧紅切焉攸於虔
切下焉知同螟蠕上音冥下音靈殪於計切蜾蠃上音果下郎果切祝之之又切
羿五計切逢蒙薄江切按它書逢蒙或作逢蠓蒙宜讀如字般音班鑄輿音余下同五
石俗本作玉石誤踧爾子六切桐子音通與侗同亦音同未成人也漢書曰毋桐好逸一閧
下降切不勝音升之平皮命切鄭司農云質劑月平價也於戲上音烏下音呼又虛宜切
光曰宋吳本作烏呼爲其于僞切下爲道爲利同粢音節之乘繩證切易乎以豉
切光曰下可以意求啞於革切相比毗志切徒與音余下皆同疑者別出惡夫

光曰烏路切下可以意求鸒斯羊茹切鸒雅烏如其富俗本下句作如其義非養余亮切下同猗頓於離切其粗千胡切紆朱邕俱切其樂音洛下同瞿然音句祇其音支適也有教立道無心仲尼有學術業無心顔淵天復本並作無止

吾子篇第二

迄孔許訖切漢書顔師古注曰周周公旦也迄至也孔孔子也言自周公以降至於孔子設教垂法皆帝王之道然後誕章乖離諸子圖微漢書揚雄傳作紛後誕章乖離諸子圖微顔師古注曰言其後澆末虛誕益章乖於七十子所謀微妙之言

少而詩照切光曰下可以意求好賦呼報切組麗音祖狴犴狴邊兮切犴音岸獄也太玄曰蹟于狴獄家語曰獄犴不治光曰狴或作陛又匹迷切景差初佳切舊本作景瑳枚乘繩證切哇烏瓜切確乎若角切俗本作搉非女惡烏路切淈古忽切屈原九勿切如瑩烏定切又音榮石次玉者一曰玉色逸論語曰如玉之瑩光曰音營伉口浪切健也何休曰有辯護伉正者爲里正陸德明一音苦杏切稱則尺證切足言將住切又如字下同光曰子預切詭辭九委切斷木都管切梡革音緩又音款斷木也光曰梡舊本作捖宋曰梡當作捖胡官切從木誤也捖刮摩也言刮摩皮革以爲鞠光謂梡當作楦楦呼願切所以塞履也爲鞠居六切峛崺上力紙切下移爾切光曰宋吳本作迤邐惡沱上哀都切下徒何切舍書也切下同惡覩

音烏下同好乎呼報切下好書好說同山陘戶經切又口耕切孟子曰山徑之蹊蒼頡胡結切見草而說音悅天復本作見羊而悅虎別彼列切下同不要一遙切光曰於宵切則辟芳辟切光曰音僻述正道而稍邪哆者有矣未有述邪哆而稍正哆昌者切又尺氏切天復本作稍正道其較音角光曰音覺且易以豉切下並同㤗懞李善曰㤗莫經切懞莫公切覆也㤗又音弁又音萍咸祕曰㤗作慌音荒光曰懞莫紅切折諸光曰之設切下同

脩身篇第三

事有本真陳施于意漢書揚雄傳作陳施於億李奇曰布陳於億萬事也動

不克咸李奇曰不能皆善也

矯思斯兖切箝光曰巨淹切必中丁仲切樂天音洛聖人之辭可爲也使人信之天復本作不可爲也使人敬之可以有爲俗本作可以爲友非是好大呼報切下同早也如字又音婢田圃田上田音佃下田如字圃音甫咸祕曰上田音甸莠羊久切喬喬音驕詩作驕必曚音蒙瞽也熒魂戶扃切糟莩上如字下音浮莩熟也宗元曰糟讀爲精舊本亦作精莩擿埴它歷切下常職切光曰擿挑也索塗山責切重言重行重貌重好行音下孟切下行重行輕同好呼報切下好重好輕好問並同咸祕曰當作言重行重貌重好重有觀古玩切則貫音古俗本

作史後人敃之爾舊本皆作賈謂賈人衒鬻過實下篇云衒玉賈石是也 臞如其俱切下同 捽茹上在
忽切下人恕切菜也 樂音洛 鞹苦郭切 騂息營切 刲羊苦圭切 罷賓音疲
勞也 犒考告切 惡在音烏光曰哀都切 鮮德息淺切 夷貉莫白切光曰毋百
切 肆乎羊至切 三好呼報切下並同 人門俗本人作仁誤 禔身是支切又音支
又音題光曰杜奚切 元憝徒對切

問道篇第四

芒芒天道昔在聖考李奇曰聖人能成天道 過則失中不
及則不至不可姦罔蘇林曰罔誣也言不可作姦誣於聖道

或曰焉得直道而由諸天復本無或曰二字焉於虔切下以意求之或曰
事雖曲而通諸聖天復本無或曰二字則渾戶昆切請問禮
莫知天復本作請問莫知天與音余搥提搥都回切舊本皆從手擲也提徒計切亦擲也則
苓音聆閛然匹庚切俗本作闇然誤疣贅上羽求切下之瑞切而治直吏切下爲治同
哨哨音消又七笑切則貉莫白切則禮由已一本作由也耾耾戶萌切俗
本作肱誤宋玉風賦曰耾耾雷聲埤蒼曰耾聲貌谹光曰音宏狙詐七余切不戰而
屈人兵堯舜也天復本無堯舜也三字漸襟子廉切衒音縣賈
音古子將子亮切下可以意求光曰螻螾上落侯切下餘忍切膢力朱切又落侯切餂

息廉切本或作鈷誤咸曰鈷敕淹巨淹二切砥音紙反目眩形音縣漸諸子廉切如

台音貽

問神篇第五

舍則書也切索山責切無閒閒廁之閒蚖音元惡覩音烏食其不

妄楚辭曰鳳亦不貪餧而妄食羑里年九切惷書容切又丑江切又丑用切俄空

苦貢切鈌也渾渾戶昆切又胡本切灝灝胡老切噩噩五各切譙乎詩傳

云譙殺也殺所戒切故注云酷烈易知以豉切下艱易同覆敷又切訔訔語巾切爭訟也

喊呼覽切又呼豏下斬切之解胡買切曉也面相息亮切捈他胡切又同盧切引

也嚍嚍音即刃切俗本作⿰口畫⿰口畫誤光曰音晉⿰口畫呼陌切㫚㫚呼昆切忞忞武巾切見矣賢遍切與我音預光曰余茹切鮮悉淺切君子病沒世而無名盍勢諸名卿可幾也漢書曰或問君子疾沒世而名不稱盍勢諸名卿可幾師古注曰以身而無名爲病孟康曰盍何不也云何不因名卿之埶以求名幾音機下同君子德名爲幾韋昭曰言有勢之名卿庶幾可不朽揚子以爲不然唯有德者可以有名師古曰或人以事有權力之卿用自表顯則其名可庶幾而立揚雄以爲自蓄其德則有名也梁齊趙楚之君非不富且貴也惡乎成名漢書曰梁齊楚趙之君非不富且貴也惡虖成其名師古曰謂當時諸侯王也惡於何也音烏谷口鄭子眞不屈其志而耕乎巖石之

下名振于京師豈其卿豈其卿漢書曰谷口鄭子眞不詘其志耕於巖石之下名震于京師與今文不同螘蛭上魚綺切下徒結切別似以上彼列切

問明篇第六

明哲煌煌旁燭無疆漢書揚雄傳作旁燭亡疆師古曰煌煌盛貌也燭照也無疆猶無極也遜于不虞以保天命李奇曰常行遜順備不虞誖布內切眩眩胡涓切幽遠貌大知如字下小知同孟子疾過我門而不入我室過古禾切不入室者孟子疾之不食實者揚子疾之近人注法言誤以孟子疾爲句絕摭我音隻樂天音洛下同庸行下孟切下同去諸丘莒切抏也五官切漢

書云海內抏獘下抏秦同舊本皆作抏皐陶音遥於戲光曰上音烏下火吳許宜二切譊女耕
切嚚譊天復本作譊譊音于又音紆妄言也敗俗必邁切下同又如字譊好呼報切下於好好大同
亟於紀力切瞶五怪切在治直吏切下同則見賢遍切弋人何篡後漢
書逸民傳序引揚子作弋者何篡宋衷注云篡取也鴻高飛冥冥薄天雖有弋人執矰繳何所施巧而取焉喻賢者深居亦不
罹暴亂之害今篡或作慕誤也鷦音焦䳭集鄰振切蹌七羊切翳路烏計切蜀
莊沈冥蜀莊之才之珍也不作苟見不治苟得
久幽而不攺其操雖隨和何以加諸舉兹以旃
不亦珍乎漢書孟康注曰湛深淵默無欲也師古曰湛讀曰沈不爲苟顯之行不事苟得之業隨隨侯珠

也和和氏璧也諸之也旃亦之也言舉此人而用之不亦國之寶乎三輔決錄曰子眞名樸君平名尊 **苟見** 光曰賢遍切 **㒵欲** 士銜切貪也 **儃舜** 蟬戰切 **累克** 俗本誤作刻 **灑** 音洗 **翲翲** 許縁切飛貌 **說難** 劉伯莊史記音義曰說難上式拙切下如字司馬正史記索隱曰說音稅難音奴干切言游說之道爲難故說難書其辭甚高故持載之然此篇亦與韓子微異類省少不同劉伯莊亦申其意粗釋其微文幽旨故有劉說

確 苦角切

寡見篇第七

遐言周于天地 漢書揚雄傳作假言周于天地顏師古曰假至也　光曰假作徧假 **幽弘**

擴度絕于邇言 李奇曰理過近世人之言也

好假音遐本或作遐下同祕曰古字也佪焉彌兖切光曰邇箭切好盡呼報切下同
芼光曰徒渾切援音袁鶉音純譊譊女交切下同曼是莫半切曼衍無極也
呱呱音孤璵以諸切璠附袁切鞶帨上音盤下音稅惡在音烏拂符勿切
而樂音洛焉事於虔切窒珍栗切鷦明光曰亦當作鷦朋六翮下革
切其累力僞切光曰隣墜切眞枕章荏切章章祕曰章宜爲幛蓋古通用也
樓航或作斻亦作杭榷利音角貂音雕

五百篇第八

經諸範漢書揚雄傳作經諸范師古曰經常也范法也

參諸七南切詘乎光曰與屈同焉於虔切問陳直刃切信道音伸下同咸曰讀如屈伸之伸強其其兩切光曰其亮切捎光與專切惡乎光曰音烏

貫音古小則敗聖如何天復本無如何二字厭觀一鹽切政光曰與正同

不厭於豔切焉得於虔切下焉支焉離同渾渾戶昆切又胡本切簡易以豉切下同

瓏𤫊上音龍下音靈多行如字光曰下孟切病曼莫半切無也又毋伴切遡音素

聆聽俗本作聆德非彊世其兩切哺薄故切啗徒濫切檠之居影切檠所以正弓

先知篇第九

立政鼓衆動化天下莫尚於中和漢書揚雄傳尚作上鄧展曰鼓亦動也

其幾音機下有幾同作昞音炳日昜以豉切思斁音亦召伯寔照切

蔽芾上必袂切下非貴切矣夫光曰音扶下同果內音納汙人哀都切杼

軸直呂切樂其音洛下樂陶同衣人於既切不抎云粉切天復本作耺音雲屬

音燭肉辟婢亦切光曰步役切實予音與祕曰與與同惡在音烏下烏得同於乎

上音烏下音呼核下革切下同曰眞僞曰眞僞則政核光曰當作眞眞僞僞古書

多然不離力智切下同毈徒玩切卵壞光曰音毀不剡以舟切甄居延切甈

五計切破瓦也坏芳盃切未燒瓦也俗本作怌字之誤也注⿰叔瓦燥也俗本誤作躁坏濕也誤作怌懼也光曰鋪回切

貉光曰莫白切衆田音佃光曰衆田庶人田皆音甸田侯田上田同上音下田如字

算光曰西管切

重黎篇第十

參差不齊漢書顏師古曰言志業不同也參初林切一槩諸聖漢書顏師古曰一以

聖人之道槩乎之槩上代切

南正重直龍切下同姒音似扁鵲薄泫切⿰金誰光曰與售同詩晝切渾天胡昆

切又胡本切度之徒洛切幾乎音機下同俗本作幾幾乎尚書舜典正義引揚子語云幾乎幾乎〻

應難光曰乃旦切種蠡光曰章勇切下同藉館慈夜切策種絕句種章勇切

徽光曰古堯切西采注云食稅倉代切或如字雍於用切鹵音魯赦奴板切

西時音止鄜芳無切天王不匡俗本作天下誤爲嬴于僞切下無爲同

屏營上音并置守手又切守失其微或作守失其徽垓古哀切

憞徒對切胙祕曰古字作祚彊閱許激切震撲上如字又音眞下普卜切胎

胎當作跆徒來切藉慈夜切行下孟切龕音堪與戡同焉攸於虔切下焉用同

挒音列磔陟格切越與音預俗本作越輿誤橈女教切下同井幹胡安切

光曰音韓之乘繩證切蔡生史記作蔡生漢書作韓生亨之普庚切下同其者

未辯者衍字　木侯漢書作沐猴　許居竭切　劘音摩　辟彊必益切　酈音歷　食其上音異下音基　説陳失贅切下説齊同光曰音稅　幾矣音機　蒯苦怪切　抵都禮切　巇許羈切　拊鍵上音撫下其輦切　作相息亮切　從浮才用切　頗滂禾切　信音伸光曰與伸同　鑿穆公之側漢書顏師古注曰鑿謂所穿冢藏音在到切或如字　焉可於虔切下同　黔婁其廉切又音琴　通使色吏切　扼音厄歊器也光曰於革切　倮郎果切

淵騫篇第十一

惡乎音烏　曰寢俗本作曰在寢在衍字耳　巽以揚之一無巽字　扛鼎

音江偒與蕩同怳苦兩切罿音衝光曰昌鍾切幾音機之知音智下知國如

字赧奴板切東并音併瀸山七豔切臨洮音叨足相息亮切窬

音踰擔石都濫切又都甘切秦將子亮切下同欸烏開切又許介切要一遥切

求反俗本脫求字蛛蝥音矛賈誼新書曰蛛蝥作網光曰蛛音誅靡光曰與麋同焉

可於虔切下皆同爲嚴于僞切下爲姊爲丹同刺相息亮切下董相同曼面謨官切塗

面也亢音岡惡諸烏路切秦行下孟切下美行同鷙翰胡安侯旰二切說

而失贅切任人音壬難之乃旦切光曰讀如字園公史記留侯世家作東園公角

里上音鹿漢書作角里光曰盧谷切或作甪音同埶正俗本作政誤折節之設切菑

異與災同　鄜音歷　俠咸曰與挾同　槧七豔切光曰才敢切又七廉切　盎烏浪切　晁錯曰愚天復本作由忠　曰蚊曰血國三千光曰蚊下曰字乃衍字　捋郎活切俗本作將誤　沒齒無愁也俗本誤作沒齒然也　雋徂兗切　將子亮切下同

冠軍古亂切　奉使色吏切虜使同　行不下孟切下其行聖行賢行談行並同　詼達上音恢舊本皆作詼達漢書曰朔詼達多端不名一行本或作談達又作名字達皆誤　惡比音烏　滑音骨

朝直遙切　妄譽音餘下同　不累良僞切　絀與黜同　惡乎光曰音烏　愀如親小切舊本皆作俶如昌六切動色貌　光曰在九切　鄲音丹猶但也或古鄲但通用亦音但本或作但　亶

賁音奔下同

君子篇第十二

純終領聞（漢書李奇注曰領理所聞也顏師古注曰純善領令也聞名也言君子之道能善其終而不失令名聞音問　光曰領音郎定切）蠢迪檢柙（漢書顏師古注曰蠢動也迪道也由也檢柙猶隱栝也言動由檢柙也音狎　光曰柙戶夾切）弸中（蒲萌切又普耕切）般（音班）有中（丁仲切）有稱（尺證切）侻也（佗托切）牛玄騂白（俗本作玄牛騂白誤騂息營切）玩（光曰當作刓音宇）隊乎（其類切　光曰與墜同）鮮取（悉踐切下鮮儷同）人以巫鼓（天復本作又以巫鼓）其行（下孟切下同）好人（呼報切下同）勸（與倦同）儷（音麗）嚚嚚（五刀切　光曰許驕切）宓（音伏）偟（音皇）

孝至篇第十三

寧親莫大於寧神漢書顏師古注曰寧安也言大孝之在於尊嚴祖考安其神靈所以得然者以得四方之外驩心

有齊側皆切下同屬音燭光曰之欲切含菽本亦作唅音同縕絮光曰於盆切爲名于僞切庳音婢下也螘與蟻同綸古頑切又音倫扛音江揭渠列切知情光曰知與智同若禔是支切又音支又音題光曰又杜奚切諸傳直戀切與有始而無終與如字孰寧天復本作孰愈知哲音智之長丁丈切羣行下孟切德行同東鞮都奚切世鮮息淺切芒芒謨郎切下同光曰

謨皇切　璜璜音黃　螭丑知切　⿰羽戔⿰羽戔財干切又側板切　訩訩許容切又詡拱切

捐之與專切

揚子音義終

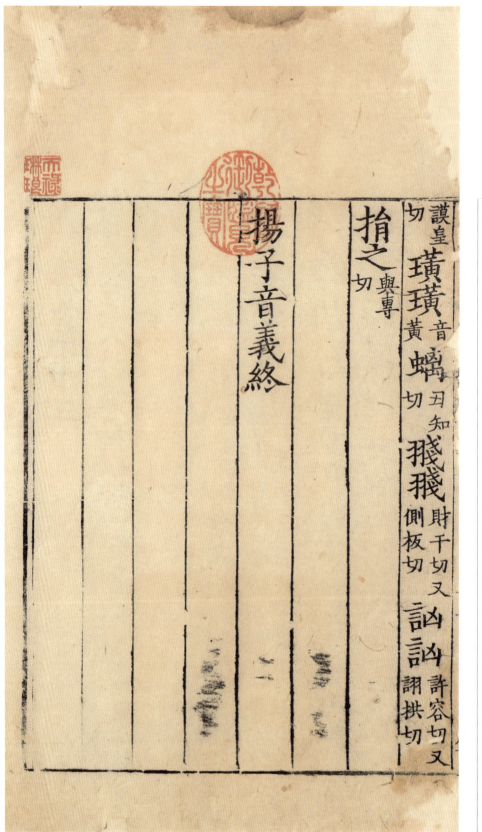

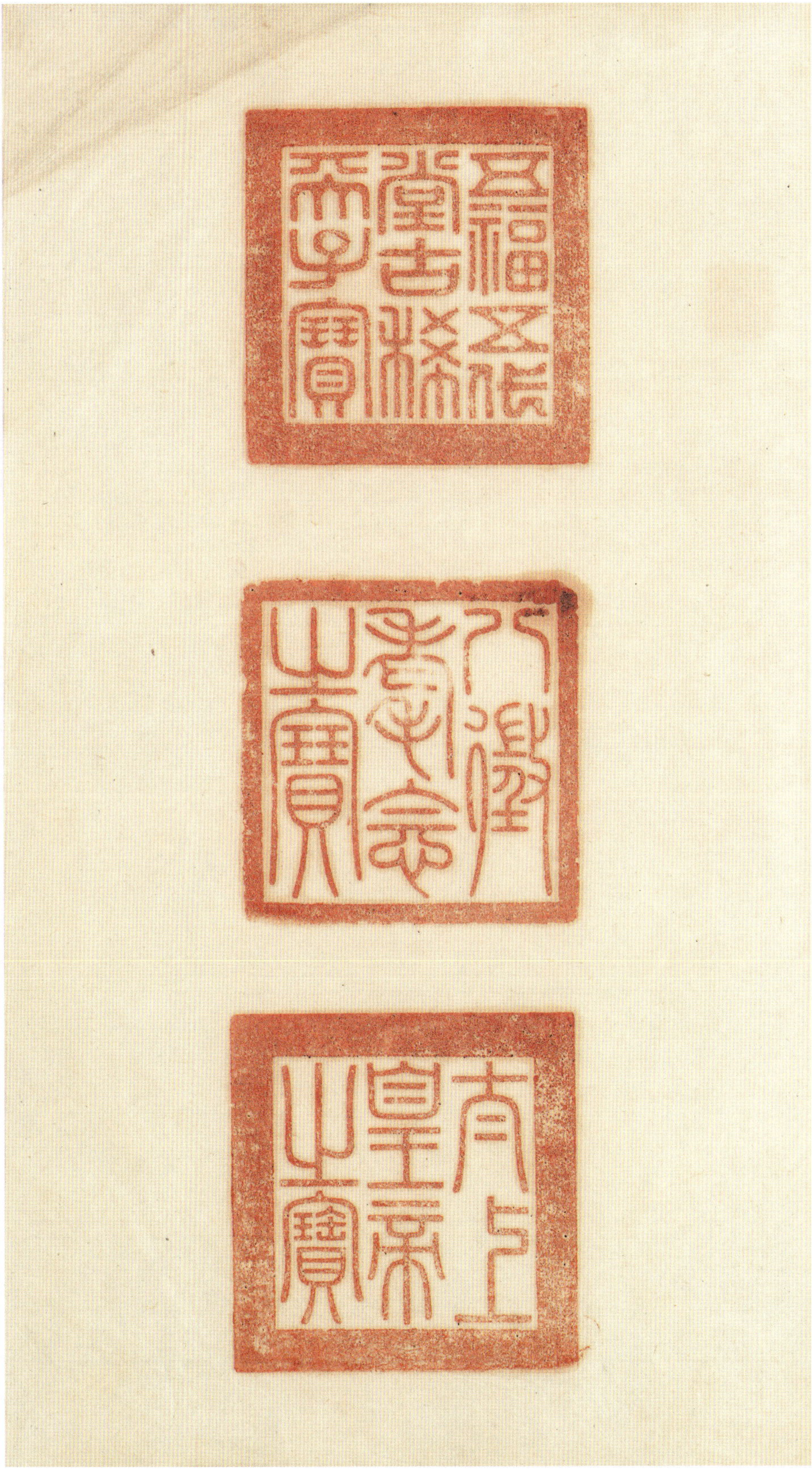
五福五代堂古稀天子寶
八徵耄念之寶
太上皇帝之寶